# Das Mittelspiel

Daniel, du bist mein Bruder, dafür danke ich dir. Du bist immer für mich da, daher sei dir sicher: Komme was wolle, auch ich bin immer für dich da.

Alexander

# Das Mittelspiel

von Alexander Fischer

**Bibliografische Information der Deutschen Nationalbibliothek**
Die Deutsche Nationalbibliothek verzeichnet diese Publikation in der Deutschen Nationalbibliografie; detaillierte bibliografische Daten sind im Internet über http://dnb.d-nb.de abrufbar.

| | |
|---|---|
| ISBN | 978-3-7392-0450-5 |
| Herstellung und Verlag | BoD – Books on Demand, Norderstedt |
| Copyright | ©2022 Alexander Fischer, 3. Auflage |
| Herstellung | Alexander Fischer |
| Homepage | www.schach-lernen.de<br>forum.schach-lernen.de<br>blog.schach-lernen.de<br>wiki.schach-lernen.de<br>shop.schach-lernen.de |

# Inhaltsverzeichnis


Das Mittelspiel . . . . . . . . . . . . . . . . . . . . . . . . . . . . . . . . . . . . .7

Ziele des Mittelspiels . . . . . . . . . . . . . . . . . . . . . . . . . . . . . . .7

Richtlinien . . . . . . . . . . . . . . . . . . . . . . . . . . . . . . . . . . . . . . . .9


Die schwachen Felder f2 bzw. f7 . . . . . . . . . . . . . . . . . . .11

Die Gabel / Doppelangriff . . . . . . . . . . . . . . . . . . . . . . . .15

Die Fesselung . . . . . . . . . . . . . . . . . . . . . . . . . . . . . . . . . .19

Der Spieß / Doppelangriff . . . . . . . . . . . . . . . . . . . . . . . .26

Doppelangriff . . . . . . . . . . . . . . . . . . . . . . . . . . . . . . . . . .29

Das Ablenkungsopfer . . . . . . . . . . . . . . . . . . . . . . . . . . .32

Das Hinlenkungsopfer . . . . . . . . . . . . . . . . . . . . . . . . . . .35

Das Beseitigungsopfer . . . . . . . . . . . . . . . . . . . . . . . . . . .38

Der Abzug . . . . . . . . . . . . . . . . . . . . . . . . . . . . . . . . . . . . .43

Die Übermacht . . . . . . . . . . . . . . . . . . . . . . . . . . . . . . . . .46

Die überlastete Figur . . . . . . . . . . . . . . . . . . . . . . . . . . . .48

Die Räumung . . . . . . . . . . . . . . . . . . . . . . . . . . . . . . . . . .51

Der Röntgenangriff . . . . . . . . . . . . . . . . . . . . . . . . . . . . .54

Die Schwächung der Grundreihe . . . . . . . . . . . . . . . . . .57

Der rückständige Bauer . . . . . . . . . . . . . . . . . . . . . . . . . .61


Kleine Übungen . . . . . . . . . . . . . . . . . . . . . . . . . . . . . . . .63

# Das Mittelspiel

Nachdem Sie sich mit der Eröffnung auseinandergesetzt haben, mit der Entwicklung der Schachfiguren, werde ich Sie jetzt mit dem sogenannten Mittelspiel vertraut machen, welches nach der Eröffnung folgt.

Das Mittelspiel ist der zweite Teilbereich einer Schachpartie (es wird in drei Bereichen unterteilt: die Eröffnung, dass Mittelspiel und das Endspiel).

Ich möchte mit diesem Buch den Schachanfänger in die Materie der Kombinationen einführen. Die wichtigsten Kombinationen werden mit zahlreichen Diagrammen dargestellt. Der Schachanfänger soll einen Überblick über die Vielzahl der Kombinationen erhalten.

In diesem Teilbereich des Schachspiels kommt es auf die eigenen Kenntnisse und Erfahrungen an. In diesem Bereich der Schachpartie müssen Sie einen Plan bzw. Strategie entwickeln, um einen Vorteil gegenüber ihrem Gegner zu erlangen oder ihn sogar matt zu setzen.

Das Mittelspiel endet durch den Abtausch zahlreicher Schachfiguren und geht dann über zum letzten Teilbereich der Schachpartie, dem Endspiel.

## Ziele des Mittelspiels

Wie erreiche ich in einen Vorteil gegenüber meinem Gegner? Wie vermeide ich eine eigene Schwächung? Wir müssen einen Plan entwickeln, dies ist im Schach sehr wichtig und unentbehrlich, um einen entscheidenden Vorteil zu erreichen. Das heißt: Im Voraus die Züge überlegen. Deshalb sind die Kombinationen, vorausberechneter Züge, so wichtig. Mit diesen kann man einen Vorteil erlangen, z.B. Verbesserung der Figurenstellung über Materialgewinn bis hin zum Schachmatt, oder, wenn man sie nicht kennt, einen Nachteil erlangen.

Um mit den Beispielen zum Mittelspiel leichter zurechtzukommen, sollte man ein Schachbrett aufstellen. Damit die Beispiele mit den zahlreichen leicht verständlichen Diagrammen noch verständlicher werden.

**Tipp:**
Beim Schachspiel kommt es auch darauf an, die Züge des Gegners zu verstehen. Wie auch seine eigenen Züge, muss man auch die gegnerischen Züge im Voraus überlegen. Nach jedem Zug muss man neu vorausschauen, was der Gegner nun vorhat. Will er mich angreifen oder wird er im nächsten Zug eine Figur von mir schlagen. Nicht nur einen Zug, sondern mehrere Züge voraus denken. Nur dann kann ich Gegenmaßnahmen ergreifen, wenn ich weiß, was der Gegner im nächsten Zug machen wird. Also: Immer erst überlegen, dann ziehen!

Deswegen sollte man sich auch Zeit lassen. Nicht überstürzt ziehen, sondern in Ruhe überlegen, was sich durch den nächsten Zug für Möglichkeiten ergeben. Im Schach kommt es nun mal darauf an, die nächsten 3 - 4 Züge im Voraus zu berechnen.

**Deshalb gibt es einige Richtlinien:**

1. Achte darauf, wohin die Zentralbauern (d- und e-Bauer) zeigen: Wenn sie auf den Königsflügel zeigen, solltest du dort angreifen; zeigen sie auf den Damenflügel sollte man dort angreifen.

2. Die Öffnung von Linien sind entscheidend für die Beweglichkeit der Türme. Türme gehören normalerweise auf offene oder halboffene Linien.

3. Bauernzüge kann man nicht zurücknehmen. Überlege deshalb besonders gut, alle Vor- oder Nachteile abzuwägen. Behindere damit den Gegner und erhöhe die Beweglichkeit deiner Schachfiguren.

4. Schwäche nicht deine Rochade Stellung mit unnötigen Bauernzügen, die der Gegner ausnützen könnte.

5. Wenn du einen Vorteil errungen hast, erhöhe den Druck.

6. Bei Materialvorteil ist es meistens nützlich Figuren abzutauschen, bei Materialnachteil sollte man dies aber nicht abtauschen. Bauerntausch jedoch vermeiden!

7. Wenn man nicht weiß, welchen Zug man als Nächstes machen sollte, versucht man die Stellung der schlechtesten Figur zu verbessern.

8. Als erstes wird die Stellung untersucht. Dann wird ein Plan entworfen. Jeder Zug sollte dann mit dem Plan übereinstimmen, setze ihn zielstrebig um.

9. Lieber einen schlechten Plan als gar keinen.

10. Immer wenn König und Dame auf der gleichen Linie stehen, ist es ein Zeichen für höchste Gefahr. Ziehe eine von beiden Figuren weg.

Dann unterscheidet man noch die Stellung:

Geschlossene Stellung
In der geschlossenen Stellung werden wenige Bauern getauscht und viele Bauern blockieren sich.

Offene Stellung
In der offenen Stellung werden viele Bauern getauscht und wenige Bauern blockieren sich.

# Die schwachen Felder f2 und f7

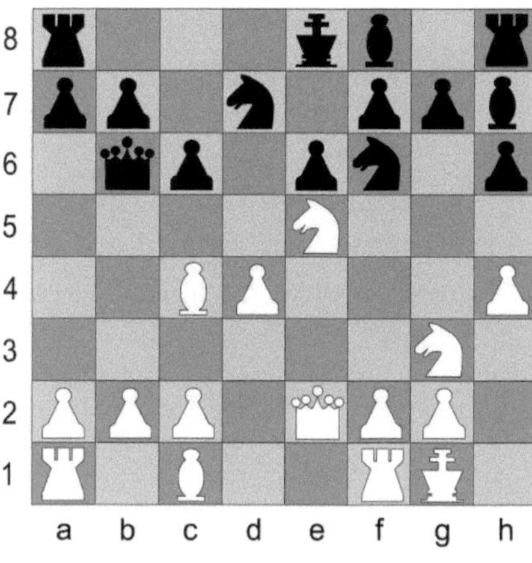

Der vorm Königsläufer stehende Bauer, ob bei Weiß oder Schwarz, wird nur vom König verteidigt. Deshalb sind die Felder f2 und f7 die schwachen Felder, von diesen Feldern drohen dem König die meiste Angriffsgefahr bzw. Mattgefahr.

Beispiel 1:
Weiß greift das schwache Feld f7 von Schwarz an.

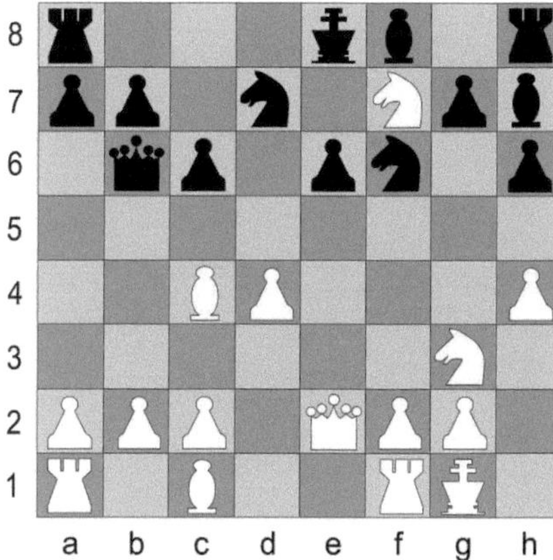

Weiß zieht jetzt mit dem weißen Springer vom Feld e5 und schlägt den Bauern auf dem Feld f7.

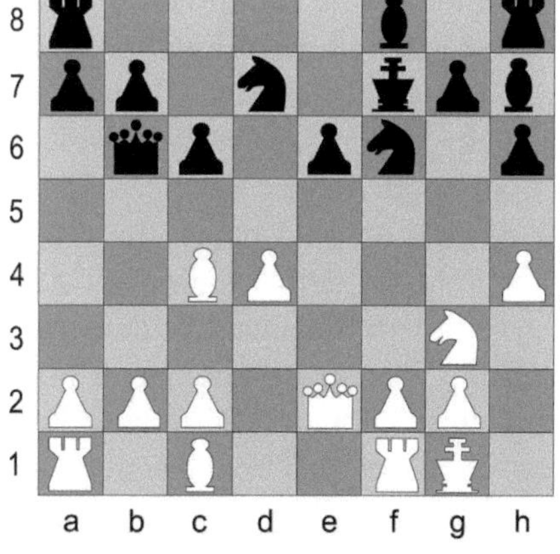

Der schwarze König auf dem Feld e8 schlägt dann den weißen Springer auf dem Feld f7.

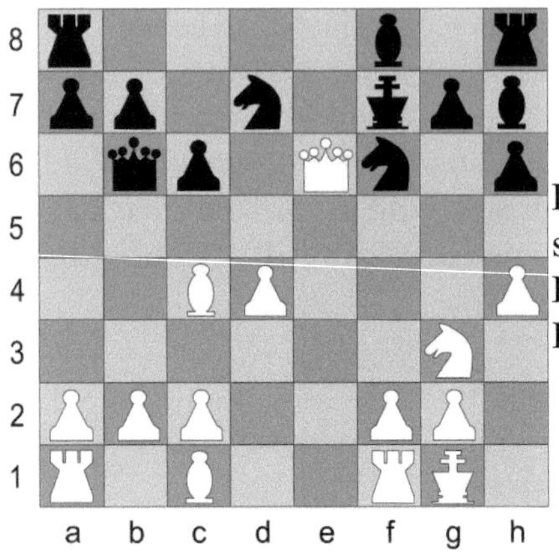

Die weiße Dame auf dem Feld e2 schlägt den schwarzen Bauern auf dem Feld e6 und bietet dem schwarzen König auf dem Feld f7 Schach.

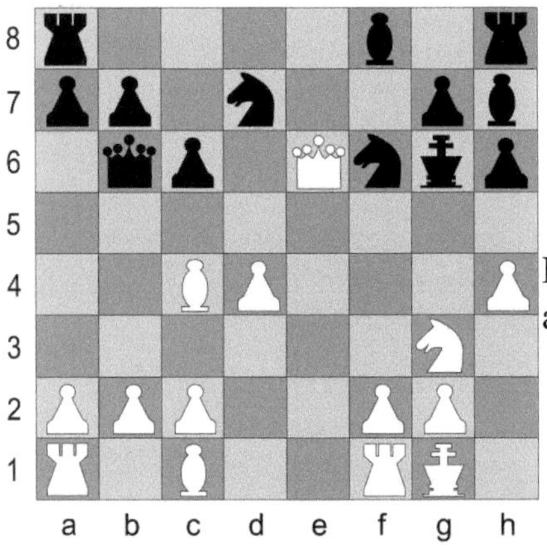

Der schwarze König kann jetzt nur noch auf das Feld g6 ziehen.

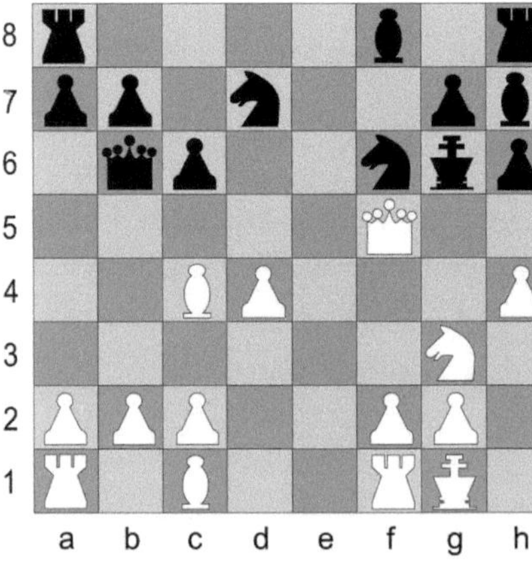

Jetzt zieht die weiße Dame vom Feld e6 auf das Feld f5 und der schwarze König ist matt! Denn auf das Feld f7 kann der König nicht ziehen, wegen dem weißen Läufer auf dem Feld c4. Die anderen Felder g5 und h5 sind durch die Dame auf dem Feld f5, dem Bauern auf dem Feld h4 und dem Springer auf dem Feld g3 bedroht. Weiß hätte aber auch noch anders ziehen können. Dame aufs Feld f7 oder Läufer auf das Feld d3. Schwarz wäre immer matt.

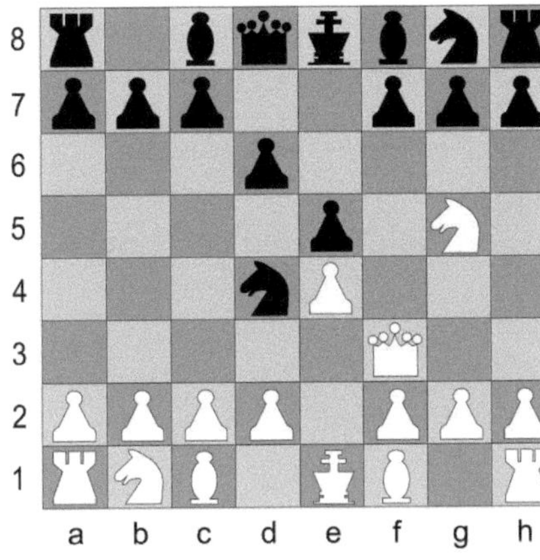

Beispiel 2:

Auch hier greift Weiß wieder das schwache Feld f7 an. Der Fehler von Schwarz war, dass er die Dame auf dem Feld f3 mit seinem Springer auf Feld d4 angreift.

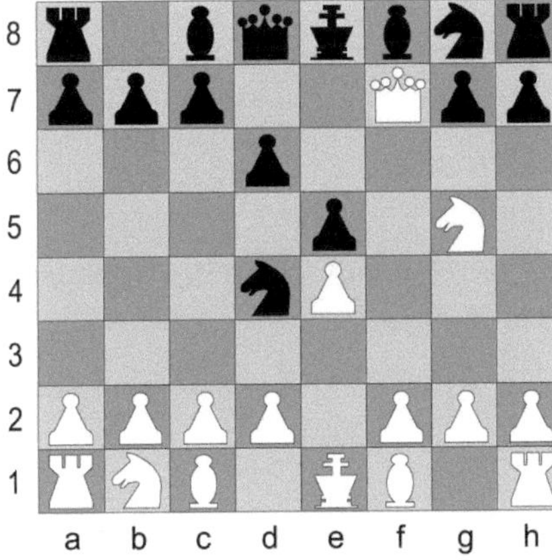

Weiß zieht mit der Dame vom Feld f3 auf das Feld f7 und setzt Schwarz matt. So passiert es beim Schäfermatt.

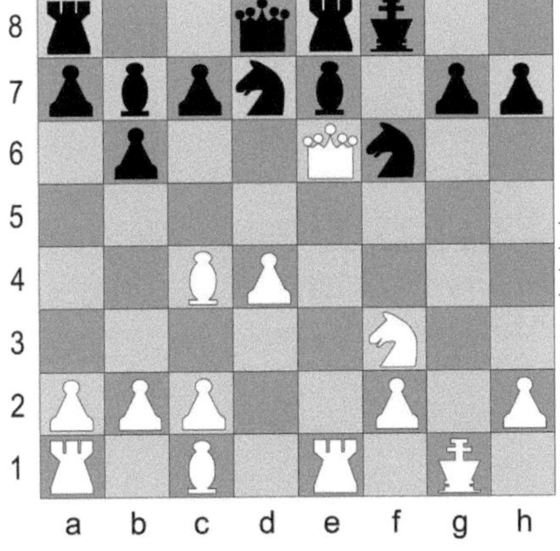

Beispiel 3:

Die weiße Dame zieht vom Feld e6 ...

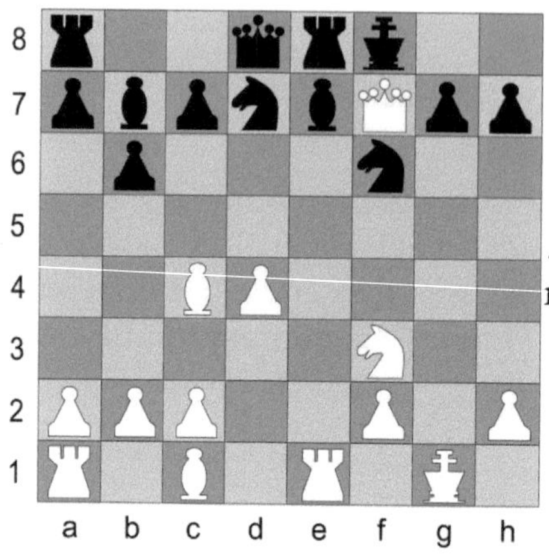

… auf das Feld f7 und setzt Schwarz matt.

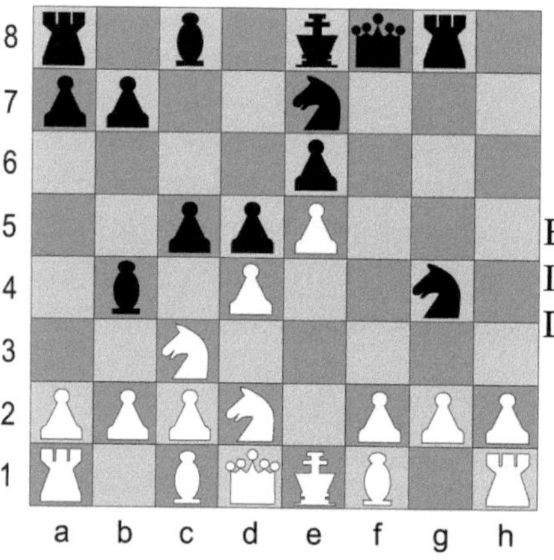

Beispiel 4:
In diesem Beispiel zieht die schwarze Dame vom Feld f8 …

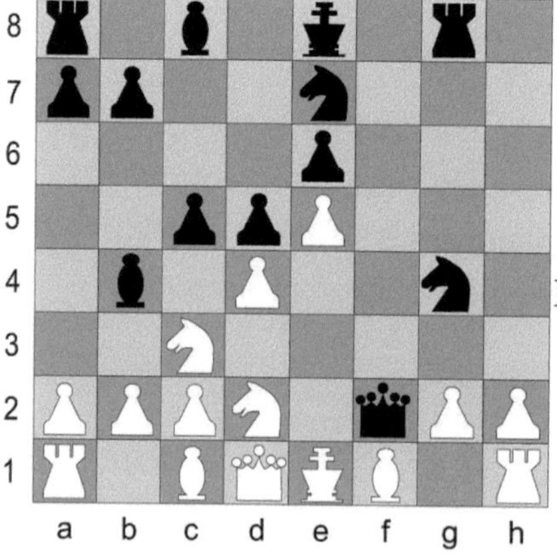

… auf das Feld f2, schlägt den weißen Bauern und Weiß ist matt.

# Die Gabel / Doppelangriff

Im Schachspiel nennt man einen Doppelangriff „Die Gabel". Dabei greift eine eigene Figur (meist niederwertiger) zwei oder mehrere gegnerische Figuren (meistens höherwertige) oder auch Felder an. Alle Schachfiguren könnten einen Gabelangriff durchführen. Besonders die Anfänger haben damit noch große Probleme, besonders durch die Springergabel.

Dabei kommt es meist zu einer spielentscheidenden Situation. Denn durch die gleichzeitige Drohung mehrerer Figuren, kann man nicht alle bedrohten Figuren schützen, ist meist eine Figur nicht mehr zu retten. Dadurch erzielt man einen Materialgewinn.

Die am meistens gebrauchten „Gabeln" sind die Springergabel und die Bauerngabel.

Auch die Drohung eines Gabelangriffes reicht schon aus, um den Gegner zu zwingen, einen anderen Zug zu machen als geplant, und so einen Vorteil zu erreichen. Deshalb kommt der Gabel im Schachspiel eine wichtige Rolle zu. Verbindet man die Gabel noch mit einem Schachangebot, gewinnt man oft eine stärkere Figur.

Gabeln mit Läufer, Turm und Dame werden zumeist als "Doppelangriff" bezeichnet.

Die Gabel ist ein Doppelangriff. Sie wird in zwei verschiedene Richtungen ausgeführt.

## Springergabel

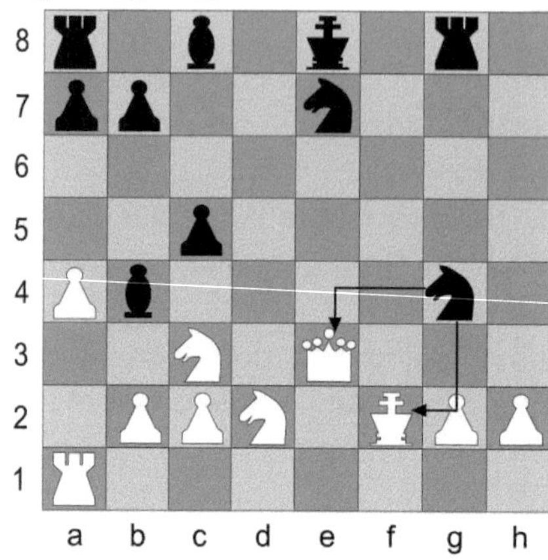

Beispiel 1:
Der schwarze Springer auf dem Feld g4 bedroht die weiße Dame auf dem Feld e3 und gibt dem weißen König auf dem Feld f2 Schach.

Weiß kann in diesem Fall seine Dame nicht retten, da er mit dem König aus dem Schach ziehen muss.

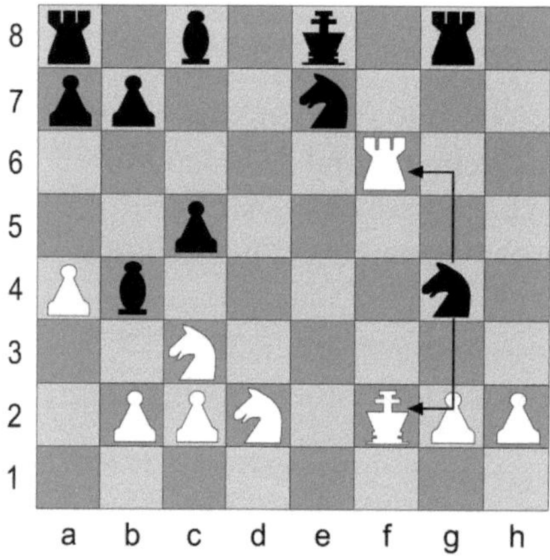

Beispiel 2:
In diesem Beispiel bedroht der schwarze Springer auf dem Feld g4 den weißen Turm auf dem Feld f6 und gibt dem weißen König auf dem Feld f2 Schach.

Weiß kann in diesem Fall seinen Turm nicht retten, da er mit dem König aus dem Schach ziehen muss.

# Bauerngabel

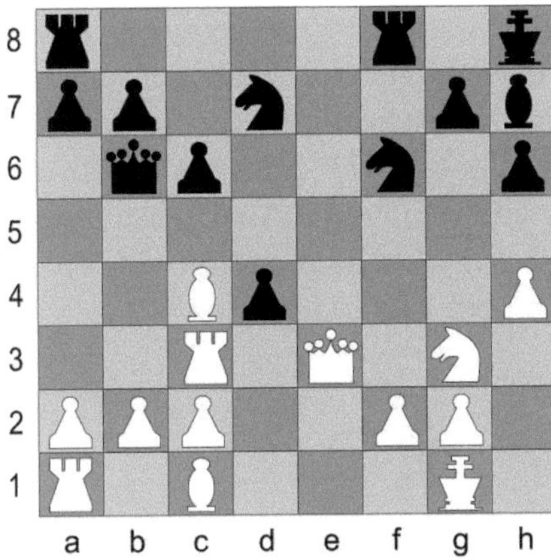

Beispiel 1:
Der schwarze Bauer auf dem Feld d4 greift den Turm auf dem Feld c3 und die Dame auf dem Feld e3 an. Weiß kann nur noch eine Figur in Sicherheit bringen, da der schwarze Bauer auf dem Feld d4 von der schwarzen Dame auf dem Feld b6 gedeckt wird.

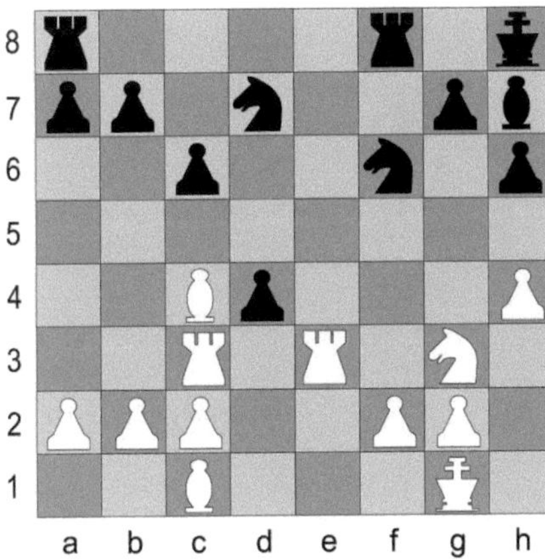

Beispiel 2:
Der schwarze Bauer auf dem Feld d4 greift die Türme auf den Feldern c3 und e3 an.
Hier kann Weiß nur einen Turm in Sicherheit bringen, der andere Turm ist verloren.

## Familienschach

Eine Besonderheit der Springergabel ist das sogenannte "Familienschach": Hier greift der Springer gleich mehrere gegnerische Figuren (die Familie) an. Bei dem Angriff wird immer Schach geboten. Der Springer greift den gegnerischen König, die Dame und eine weitere Figur an. Also werden beim Familienschach immer drei gegnerische Figuren angegriffen. In dieser Situation führt es in der Regel immer zu einem Materialgewinn.

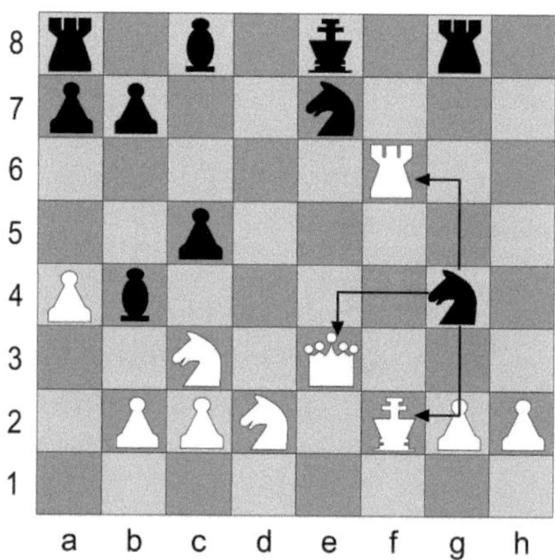

**Man merkt sich:**
Der Doppelangriff „Die Gabel" ist ein Angriff mit einer Figur, die zwei gegnerische Figuren in verschiedenen Richtungen bedroht.

# Die Fesselung

Als Fesselung bezeichnet man im Schachspiel, wenn eine Figur nicht ziehen kann, weil entweder der König im Schach stehen würde, einem wichtigen Feld oder weil es einen Materialverlust, also einen Nachteil, mit sich brächte. Es müsste zuerst die andere Figur ziehen (die hinter der gefesselten Figur), dann wäre die Fesslung aufgehoben. Die eine Figur ist praktisch an die andere Figur gefesselt. Deshalb können nur die Figuren Turm, Läufer und Dame eine gegnerische Figur fesseln.

Fesselungen sind recht häufig in Schachpartien. Denn die Fesselung beutet eine Schwächung der gegnerischen Figur und einen eventuellen Materialgewinn. Besonders wenn man mit einer weniger wertvollen Figur eine wertvollere Figur fesseln kann, z.B. Läufer gegen einen Turm.

Man kann eine Fesselung nur unterbinden, indem man den König wegzieht, eine andere Figur in die Fesselung zieht, die fesselnde Figur zum wegziehen zwingt oder die fesselnde Figur schlägt.

Zieht man mit einer anderen Figur in die Fesselung, sollte es sich um eine weniger wertvolle Figur handeln. Man tauscht sozusagen die hineinziehende Figur mit der gefesselten Figur (z.B. einen Läufer für einen Turm).

Man kann also sagen, dass die vordere Figur, die niederwertigere erste Figur ist, die hintere höherwertigere, die zweite Figur ist. Deswegen wird man die erste Figur nicht wegziehen, um die zweite Figur nicht zu verlieren.

# Die echte Fesselung

Bei der echten Fesselung kann die gefesselte Figur überhaupt nicht ziehen, weil dadurch der König im Schach wäre.

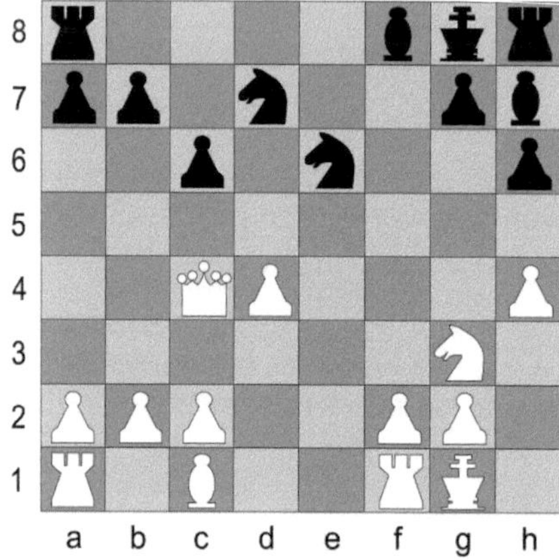

Beispiel 1:
Die weiße Dame auf dem Feld c4 fesselt den schwarzen Springer auf Feld e6. Der schwarze Springer kann nicht wegziehen, weil sonst der schwarze König auf Feld g8 im Schach wäre.

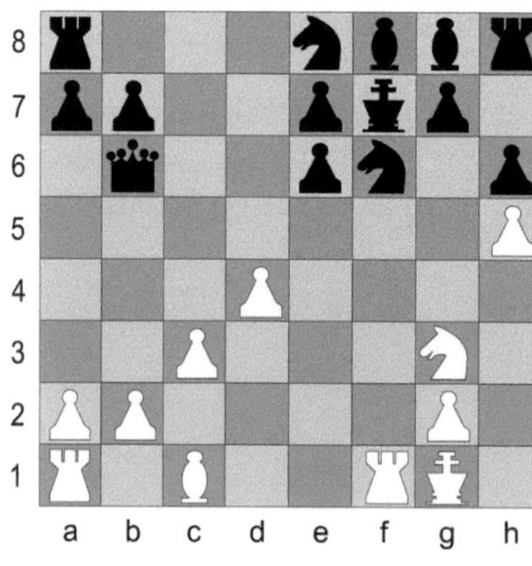

Beispiel 2:
Der weiße Turm auf dem Feld f1 fesselt den schwarzen Springer auf dem Feld f6. Der schwarze Springer kann nicht wegziehen, weil sonst der schwarze König auf Feld f7 im Schach wäre.

# Die Linienfesselung

Bei der Linienfesselung kann die gefesselte Figur nur in der Wirkungslinie der angreifenden Figur ziehen. Die Figur kann die Wirkungslinie nicht verlassen, weil der König sonst im Schach wäre. Sie könnte aber die gegnerische Figur schlagen.

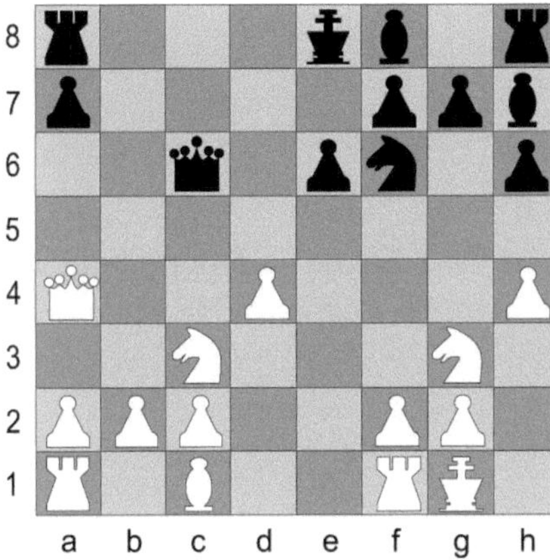

Beispiel 1:
Die weiße Dame auf dem Feld a4 hat die schwarze Dame auf dem Feld c6 gefesselt. Die schwarze Dame kann jetzt nur noch auf die Felder b5 oder d7 ziehen, oder die weiße Dame auf Feld a4 schlagen. Verlassen kann die Dame die Diagonale nicht, weil sonst der schwarze König auf dem Feld e8 im Schach wäre.

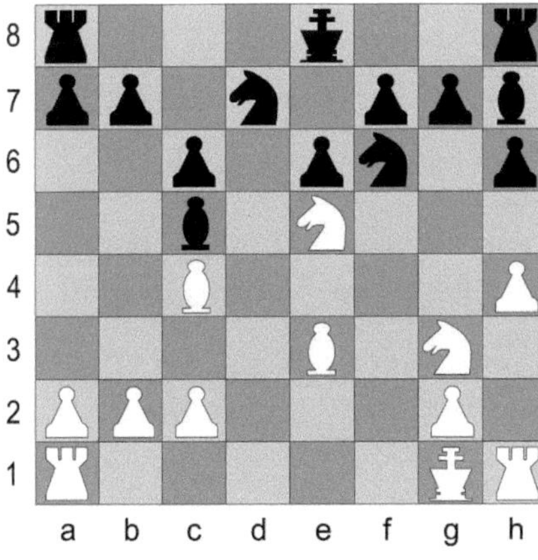

Beispiel 2:
Der schwarze Läufer auf dem Feld c5 fesselt den weißen Läufer auf dem Feld e3. Der weiße Läufer kann jetzt nur noch auf die Felder d4 und f2 ziehen, oder den Läufer auf dem Feld c5 schlagen. Verlassen kann der weiße Läufer die Diagonale nicht, weil sonst der weiße König auf dem Feld g1 im Schach wäre.

## Halbfesselung

Bei der Halbfesselung ist die Figur nur in einer Richtung gefesselt. Die gefesselte Figur hat die Möglichkeit, die angreifende Figur selbst anzugreifen, also zu schlagen.

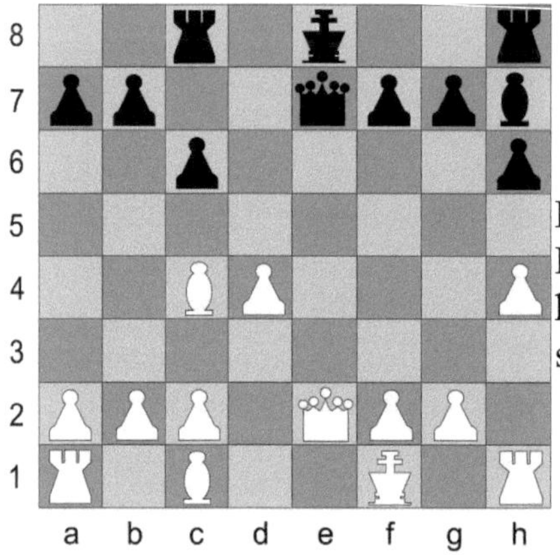

Beispiel 1:
Die schwarze Dame auf dem Feld e7 kann die weiße Dame auf dem Feld e2 schlagen.

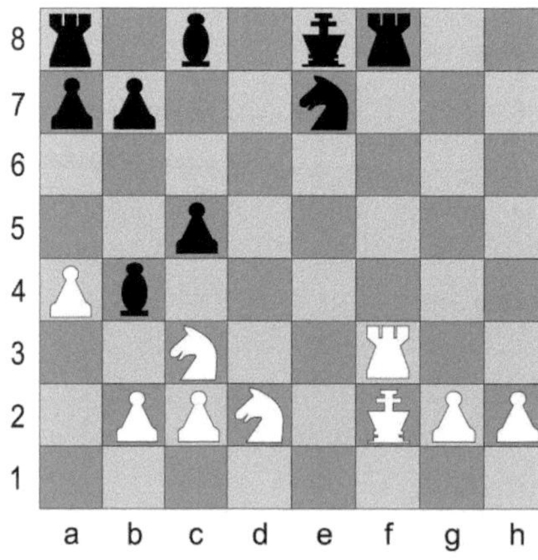

Beispiel 2:
Hier kann der weiße Turm auf dem Feld f3 den schwarzen Turm auf Feld f8 schlagen.

# Die unechte Fesselung

Bei der unechten Fesselung ist die Figur nicht wirklich gefesselt. Das heißt, die Figur kann ziehen und ist nicht eingeschränkt in ihren Möglichkeiten. Allerdings könnte eine Figur, hinter der gefesselten Figur, geschlagen werden. Ein Läufer könnte z.B. an die Dame gefesselt sein, würde er wegziehen, könnte die angreifende Figur die Dame schlagen.

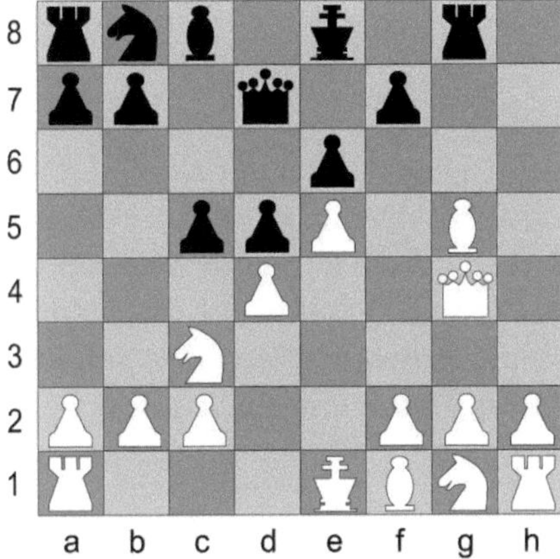

Beispiel 1:
Der schwarze Turm auf Feld g8 fesselt den weißen Läufer auf dem Feld g5. Würde der Läufer jetzt wegziehen, könnte der schwarze Turm die weiße Dame auf dem Feld g4 schlagen. Weiß kann die Fesselung aufheben, indem er mit der Dame wegzieht.

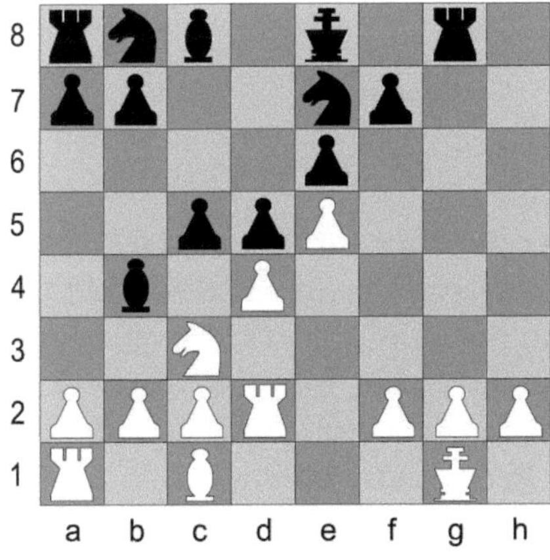

Beispiel 2:
Hier fesselt der schwarze Läufer auf dem Feld b4 den weißen Springer auf dem Feld c3. Würde der weiße Springer jetzt wegziehen, könnte der schwarze Läufer den weißen Turm auf d2 schlagen. Weiß kann die Fesselung aufheben, indem er mit dem Turm wegzieht.

## Die Feldfesselung

Bei der Feldfesselung hat die Figur meistens nur eine Möglichkeit, die angreifende Figur selbst anzugreifen, also zu schlagen. So kommt es zum Materialverlust.

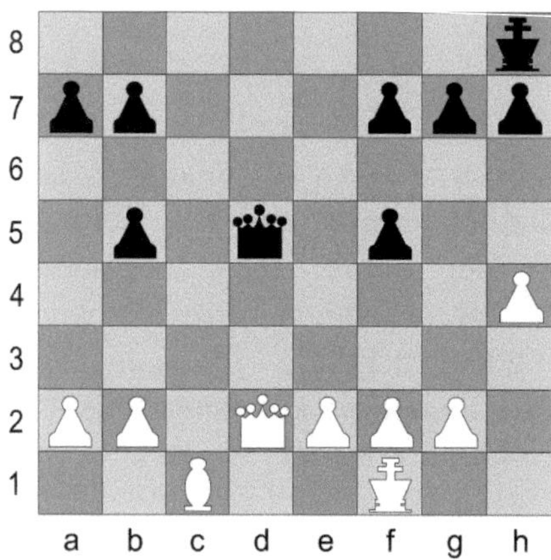

Beispiel 1:
Die weiße Dame auf dem Feld d2 fesselt die schwarze Dame auf dem Feld d5. Würde die schwarze Dame wegziehen, könnte die weiße Dame auf das Feld d8 ziehen und Schwarz wäre matt. Schwarz muss seine Dame opfern.

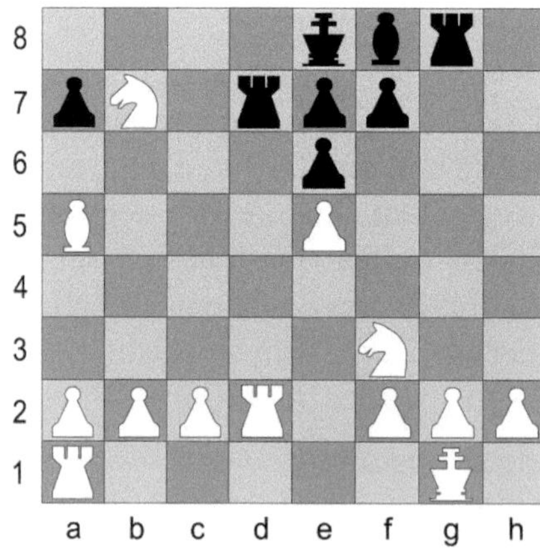

Beispiel 2:
Der weiße Turm auf dem Feld d2 fesselt den schwarzen Turm auf dem Feld d7. Würde der schwarze Turm wegziehen, könnte der weiße Turm auf das Feld d8 ziehen und Schwarz wäre matt. Schwarz muss seinen Turm opfern.

# Die Kreuzfesselung

Bei der Kreuzfesselung ist eine Figur doppelt gefesselt. Die Figur steht dann im Schnittpunkt zweier unterschiedlicher Fesselungen.

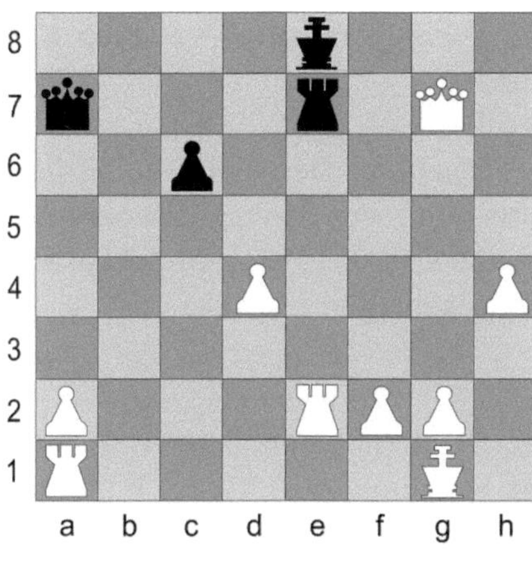

Beispiel 1:
Der schwarze Turm auf dem Feld e7 ist in der Kreuzfesselung. Der schwarze Turm kann die weiße Dame auf dem Feld g7 nicht schlagen, da sonst der schwarze König auf dem Feld e8 im Schach wäre, durch den weißen Turm auf dem Feld e2. Dies ist die erste Fesselung.

Die zweite Fesselung: Der schwarze Turm kann den weißen Turm auf dem Feld e2 schlagen, verliert aber seine Dame auf dem Feld a7, durch die weiße Dame auf dem Feld g7.

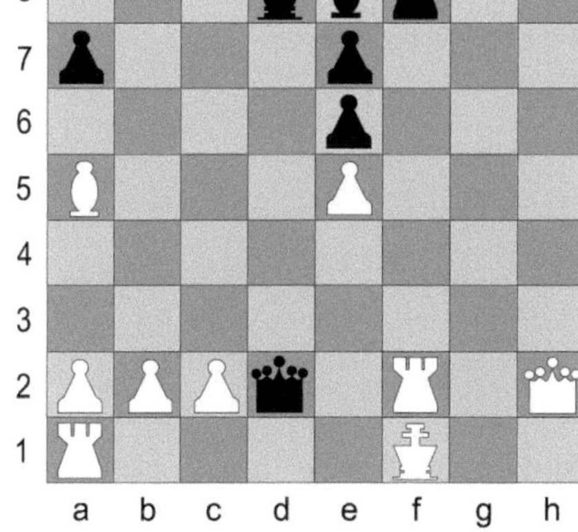

Beispiel 2:
Die erste Fesselung: Der weiße Turm auf dem Feld f2 ist in der Kreuzfesselung. Der weiße Turm kann die schwarze Dame auf dem Feld d2 nicht schlagen, da sonst der weiße König auf dem Feld f1 im Schach wäre, durch den schwarzen Turm auf dem Feld f8.

Die zweite Fesselung: Der weiße Turm auf dem Feld f2 kann den schwarzen Turm auf f8 schlagen, verliert aber seine Dame auf dem Feld h2, durch die schwarze Dame auf dem Feld d2.

# Der Spieß / Doppelangriff

Als Spieß bezeichnet man im Schachspiel eine Kombination, die zwei hintereinander stehende Figuren angreift. Wenn man eine gegnerische hochwertigere Figur, die erste Figur, bedroht und nach dessen wegziehen die hinter der Figur stehende niederwertigere Figur, die zweite Figur, schlägt. Deshalb kommen nur die Figuren Turm, Läufer und Dame für einen Spieß in Frage. Besonders gerne wird dem König Schach geboten, somit er wegziehen muss und die Figur hinter dem König schlagen kann. Der Spieß wird auch zumeist als "Doppelangriff" bezeichnet.

Der Spieß ist so was ähnliches wie die Fesselung. Der Unterschied liegt darin, dass beim Spieß die höherwertigere Figur vor der niederwertigeren Figur steht. Der Gegner bringt seine hochwertigere Figur in Sicherheit, dadurch kann man die niederwertigere Figur schlagen.

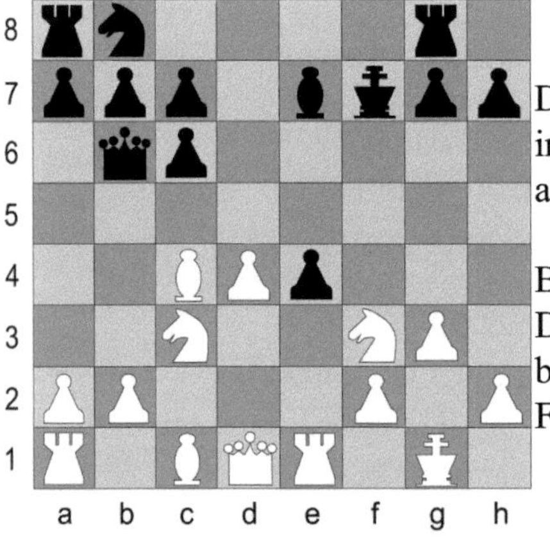

Der Spieß ist ein Doppelangriff. Er wird in eine Richtung, gegen zwei hintereinander stehende Figuren ausgeführt.

Beispiel 1:
Der weiße Läufer auf dem Feld c4 bedroht den schwarzen König auf dem Feld f7, bietet ihm Schach.

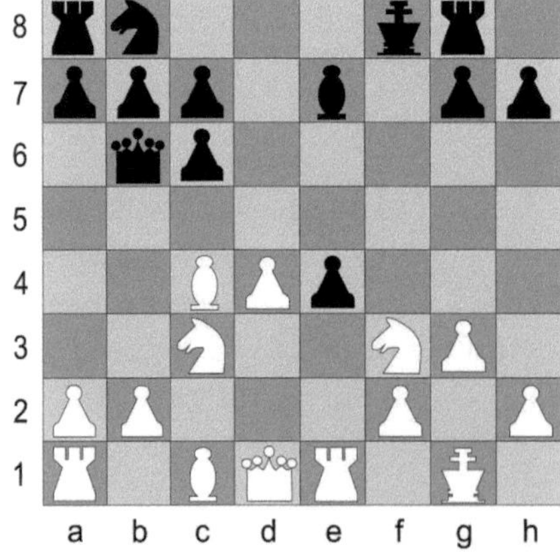

Der schwarze König muss nun vom Feld f7 wegziehen, er zieht auf das Feld f8.

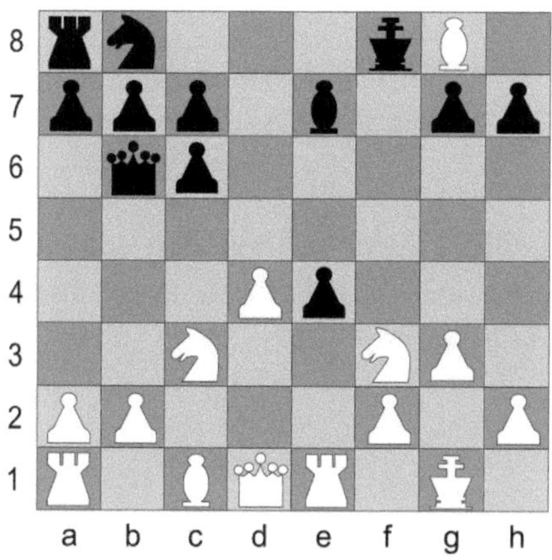

Der weiße Läufer kann den schwarzen Turm auf dem Feld g8 schlagen. Dies ist auch ein Materialgewinn.

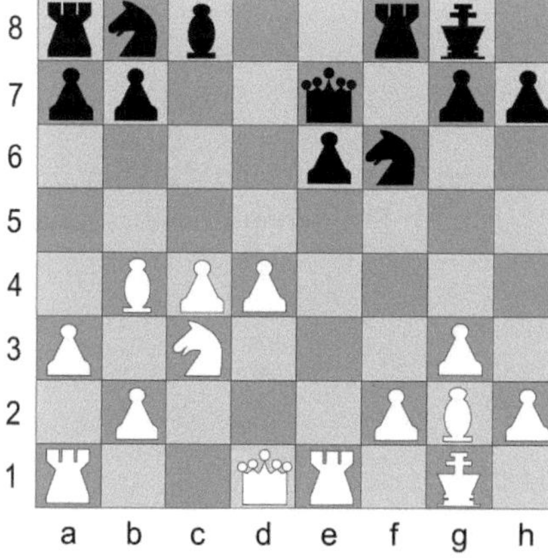

Beispiel 2:
Hier bedroht der weiße Läufer auf dem Feld b4, die schwarze Dame auf dem Feld e7.

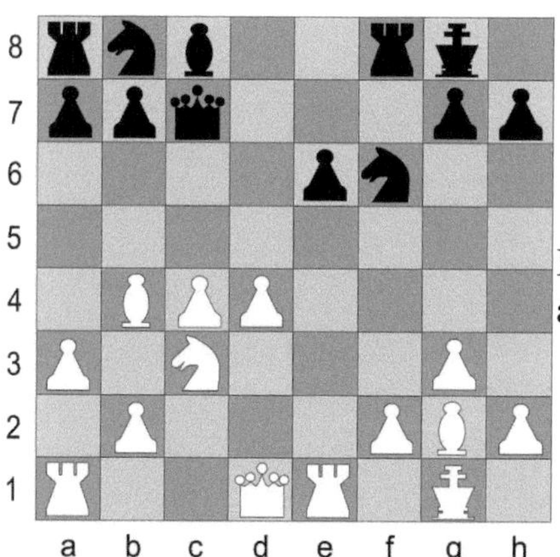

Die schwarze Dame zieht vom Feld e7 auf das Feld c7.

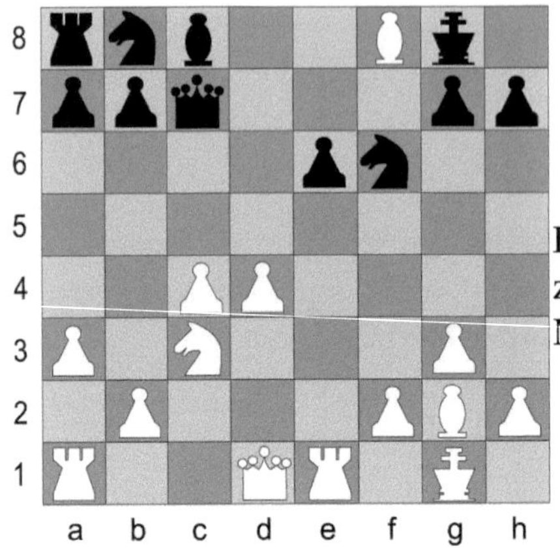

Der weiße Läufer schlägt den schwarzen Turm auf dem Feld f8. Auch hier: Materialgewinn.

Der Spieß ist stärker als die Fesselung, da der angegriffene Gegner fast immer einen Materialverlust erleidet. Das ist beim Schachspiel meist spielentscheidend.

# Doppelangriff

Ein Doppelangriff ist, wenn man einen Angriff mit einer Figur in einem Zug auf zwei gegnerische Figuren gleichzeitig durchführt.

### Doppelangriff mit zwei Figuren

Ein besonderer Doppelangriff ist das Doppelschach. Dem König wird von zwei Figuren Schach geboten. Dadurch wird dem König die Verteidigung sehr kompliziert gemacht. In diesem besonderen Fall muss der König die Flucht ergreifen und wegziehen.

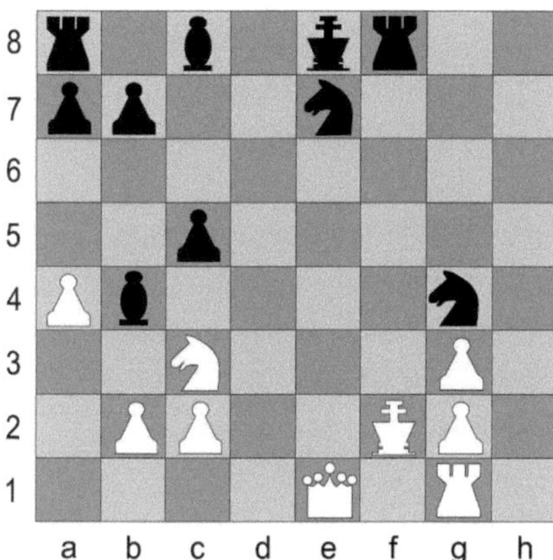

Beispiel 1:
Im folgenden Beispiel bietet der schwarze Springer auf dem Feld g4 (zog vom Feld f6) und der Turm auf dem Feld f8 dem weißen König auf dem Feld f2 Doppelschach. Der König kann nur noch auf das Feld e2 ziehen.

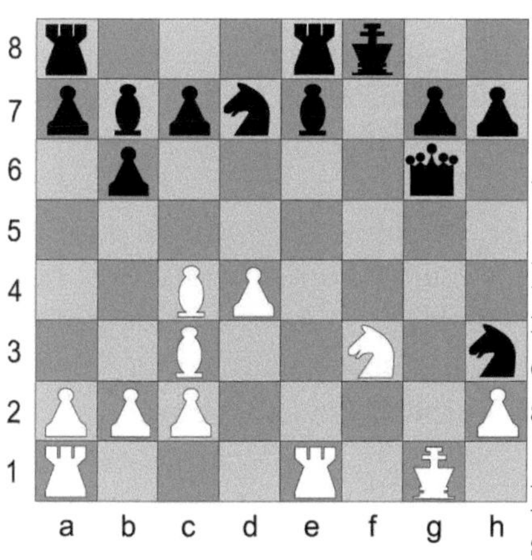

Beispiel 2:
Hier bietet der schwarze Springer auf dem Feld h3 (zog vom Feld g5) und die schwarze Dame auf dem Feld g6 dem weißen König auf dem Feld g1 Schach.

Die Doppelangriffe des Springers kommen öfters im Schachspiel vor. Sie werden meist zu spät erkannt. Also, sehr gut aufpassen!

Ein Doppelschach entsteht immer durch sogenanntes Abzugsschach.

# Abzugsschach und Doppelschach

Abzugsschach bedeutet, dass man mit einer eigenen Figur vor einer seiner eigenen Figur wegzieht und die diese danach dem gegnerischen König Schach bietet.

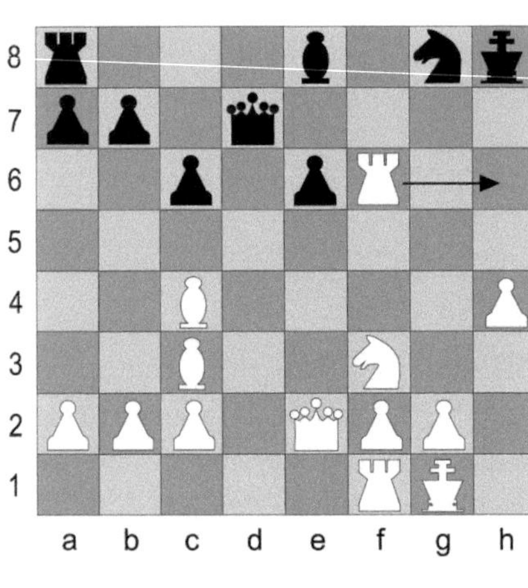

Beispiel 1:
In diesem Beispiel zieht der weiße Turm vom Feld f6 auf das Feld h6. Durch diesen Zug entstehen zwei Schachgebote auf einmal. Vom weißen Turm auf dem Feld h6 und dem weißen Läufer auf dem Feld c3, bieten dem schwarzen König auf dem Feld h8 Schach.

Da der weiße Turm vorm weißen Läufer wegzieht, entsteht ein Abzugsschach. Da der Turm auch noch Schach bieten kann, entsteht sogar ein Doppelschach. Und dies mit nur einem Zug!

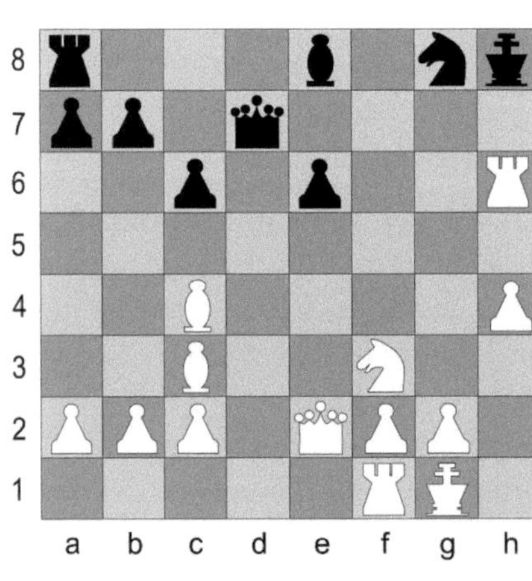

Die schwarzen Figuren können das matt nicht verhindern. Zieht die schwarze Dame von Feld d7 auf das Feld g7 und verhindert so das Schachgebot durch den Läufer auf dem Feld c3, so steht der schwarze König noch immer im Schach durch den weißen Turm auf dem Feld h6.
Schlägt der schwarze Springer auf dem Feld g8 den weißen Turm auf dem Feld h6, so steht der schwarze König noch immer im Schach durch den weißen Läufer auf dem Feld c3.

Der schwarze König kann sich selbst nicht in Sicherheit bringen, weil alle Felder im Schachgebot sind und der schwarze Springer das Feld g8 blockiert.

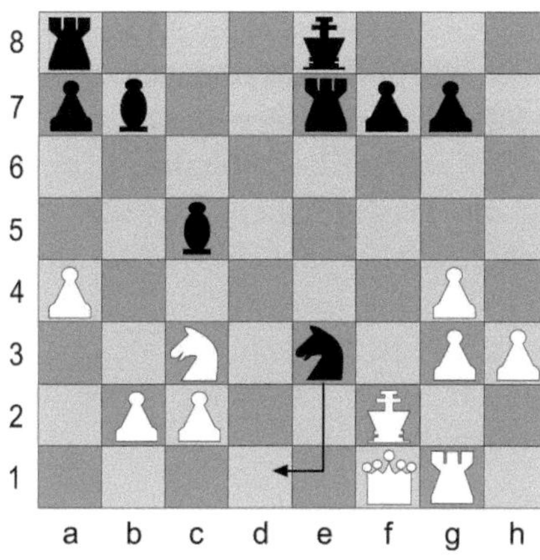

Beispiel 2:
Hier zieht der schwarze Springer vom Feld e3 auf das Feld d1. Dadurch entstehen zwei Schachgebote. Vom schwarzen Springer auf dem Feld d1 und dem schwarzen Läufer auf dem Feld c5.

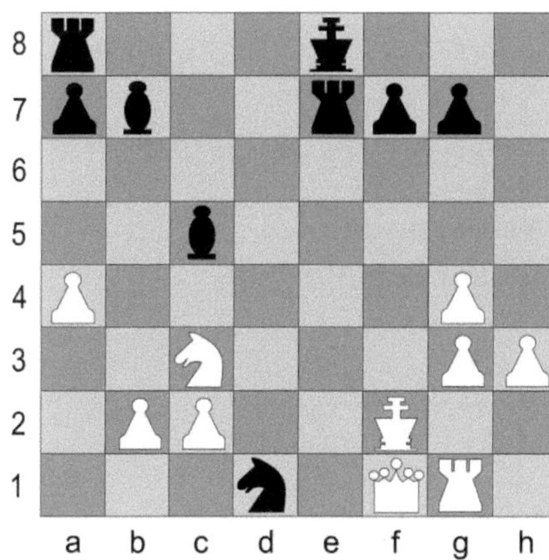

Weiß ist matt. Der weiße König auf dem Feld f2 kann auf kein Feld mehr ziehen. Die e-Linie wird vom schwarzen Turm auf e7 besetzt. Die Felder f3 und g2 werden vom schwarzen Läufer auf dem Feld b7 angegriffen. Auch wenn Weiß den schwarzen Springer auf dem Feld d1 schlägt (durch Dame auf dem Feld f1 oder den Springer auf dem Feld c3), befindet sich der König durch den schwarzen Läufer auf dem Feld c5 noch im Schach.

## Das Ablenkungsopfer

Als Ablenkungsopfer bezeichnet man im Schachspiel, dass man eine gegnerische Figur, von ihrem Feld weglenkt und das die Figur ihre Funktion nicht mehr erfüllen kann. Das heißt, wenn der Gegner das Ablenkungsopfer annimmt, verhindert er die Verteidigung des tatsächlichen Angriffs. Der Angreifer nützt die Gelegenheit dann im nächsten Zug aus, besonders wenn danach ein matt erfolgt.

Das Ablenkungsopfer passiert oft durch eine Drohung oder ein Schachgebot. Dies kommt häufig im Mittelspiel vor.

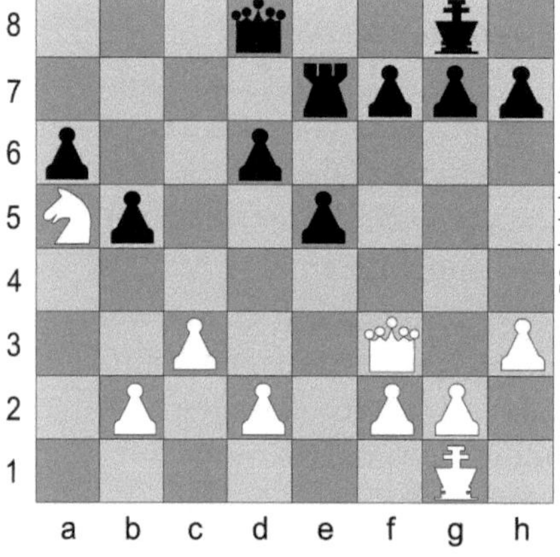

Beispiel 1:
Das Ablenkungsopfer ist der weiße Springer auf dem Feld a5.

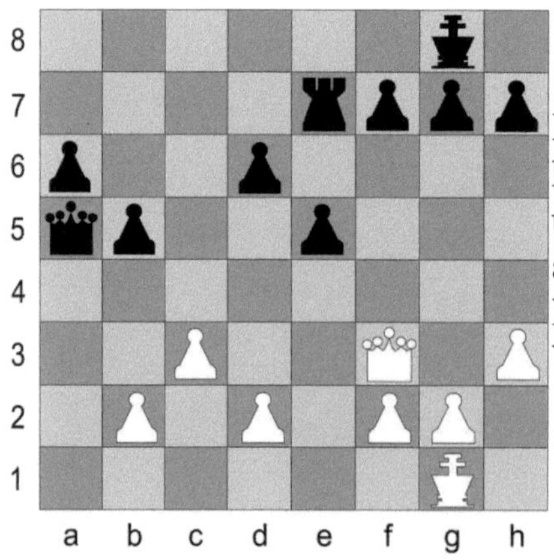

Die schwarze Dame auf dem Feld d8 kann dem Angebot nicht widerstehen und schlägt den Springer auf dem Feld a5.
Dadurch hat die schwarze Dame ihre Verteidigungsfunktion vernachlässigt.

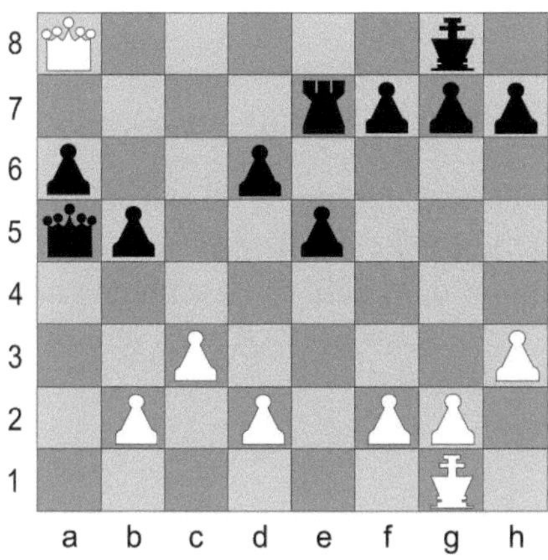

Die weiße Dame zieht vom Feld f3 auf das Feld a8.

Schwarz ist matt. Die schwarze Dame kann zwar wieder auf das Feld d8 ziehen, wird aber von der weißen Dame geschlagen. Auch der schwarze Turm vom Feld e7 kann nur noch auf das Feld e8 ziehen und wird dann ebenfalls von der weißen Dame geschlagen.

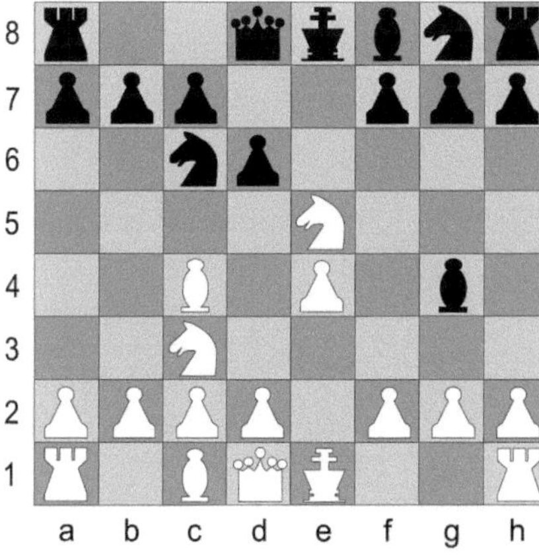

Beispiel 2:

Hier wird dem schwarzen Läufer auf dem Feld g4 die weiße Dame auf dem Feld d1 angeboten.

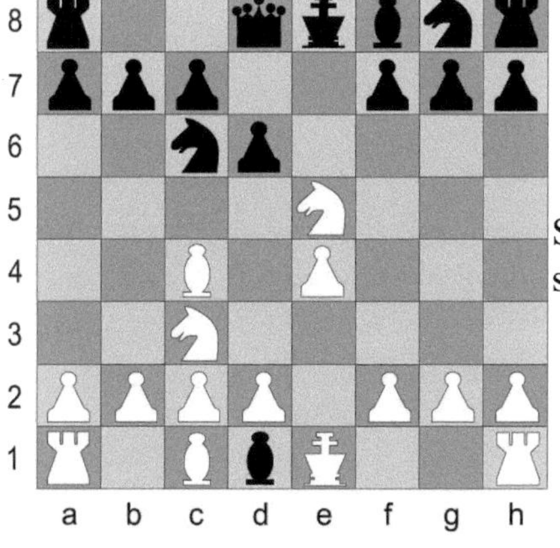

Schwarz nimmt das Angebot an und schlägt die Dame.

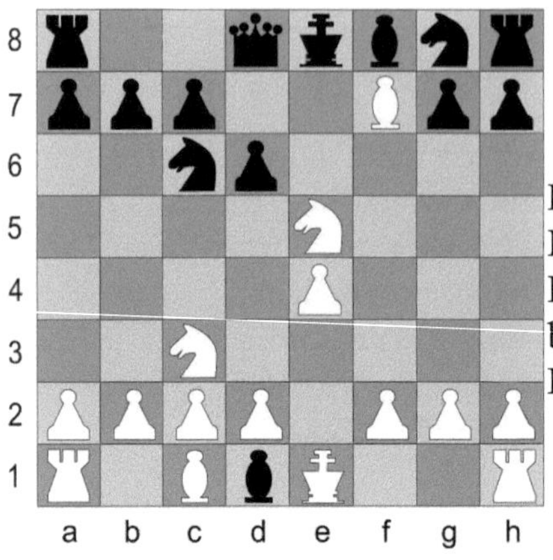

Der nächste Zug von Weiß ist mit dem Läufer vom Feld c4 den schwarzen Bauern auf dem Feld f7 zu schlagen und bietet dem schwarzen König auf dem Feld e8 Schach.

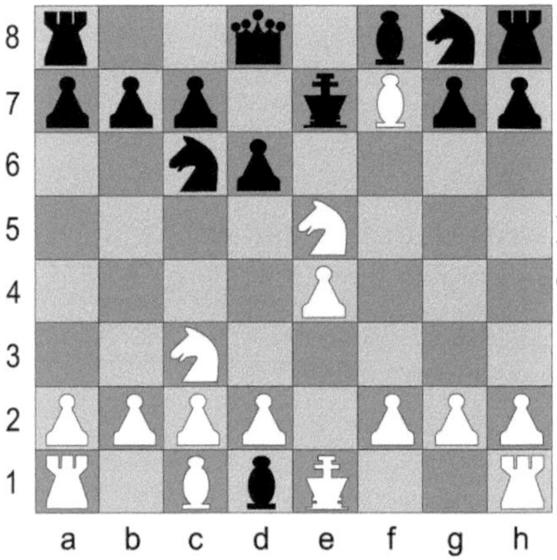

Der schwarze König kann nur noch auf das Feld e7 ziehen.

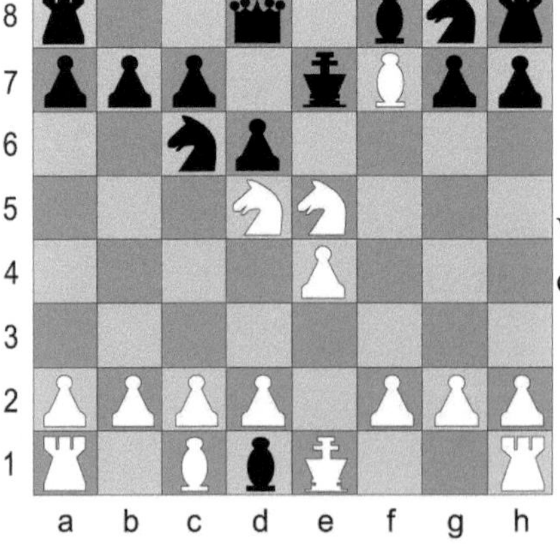

Weiß zieht mit dem Springer vom Feld c3 auf das Feld d5 und Schwarz ist matt.

# Das Hinlenkungsopfer

Im Schachspiel bezeichnet man „Das Hinlenkungsopfer", wenn man eine gegnerische Figur auf ein bestimmtes Feld lenkt. Die Figur kann ihre Funktion nicht mehr erfüllen, es kann zum Materialverlust oder sogar zum matt kommen.

Das Hinlenkungsopfer passiert auch oft durch eine Drohung oder ein Schachgebot. Die Hinlenkung kann auch durch eine Opferung einer eigenen Figur erfolgen. Die gegnerische Figur wird auf das Feld hingelenkt und dann wird es die gegnerische Figur dort erobert. Dadurch will der figurenopfernde Schachspieler einen Vorteil erreichen.

Wird der gegnerische König auf ein Feld hingelenkt, dann nennt man es Hineinziehungsopfer, wenn er danach matt ist.

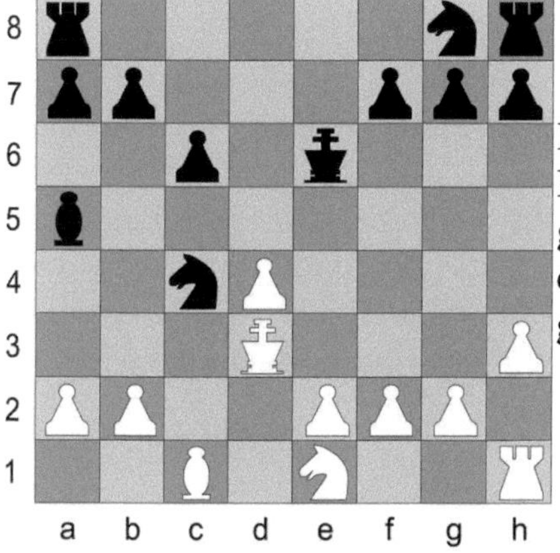

Beispiel 1:
Der schwarze Läufer auf dem Feld a5 greift den weißen Springer auf dem Feld e1 an. Der weiße König auf dem Feld d3 greift den Springer auf dem Feld c4 an.

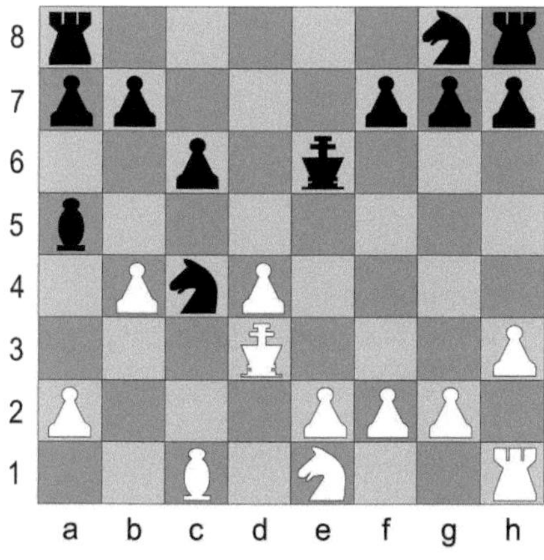

Nun zieht der weiße Bauer vom Feld b2 auf das Feld b4.

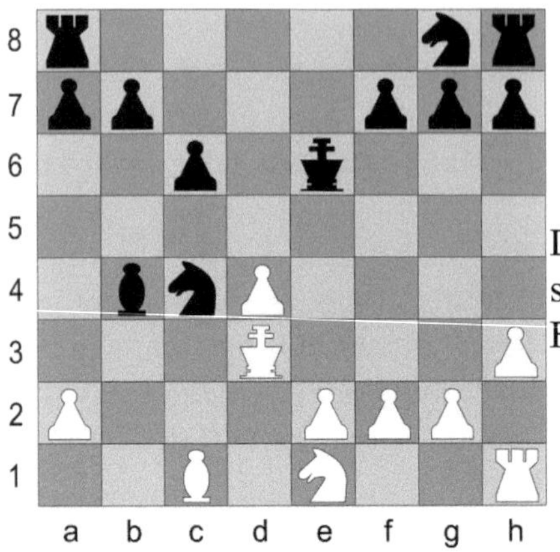

Der schwarze Läufer auf dem Feld a5 schlägt den weißen Bauern auf dem Feld b4.

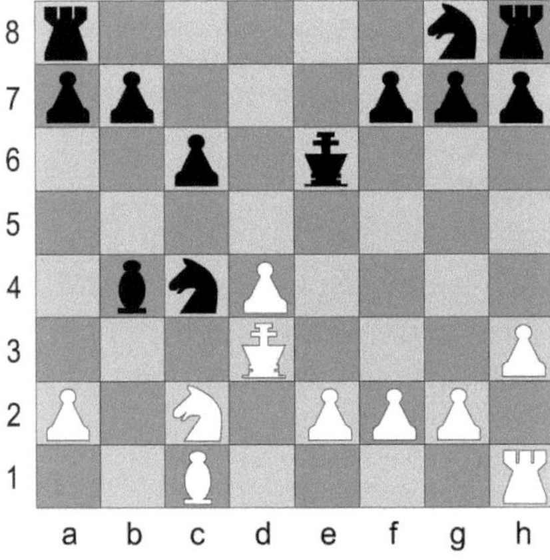

Nun aber zieht Weiß mit dem Springer vom Feld e1 auf das Feld c2. Nun bedroht Weiß den schwarzen Läufer auf dem Feld b4 und den schwarzen Springer auf dem Feld c4. Weiß gewinnt dadurch eine Figur, Materialgewinn.

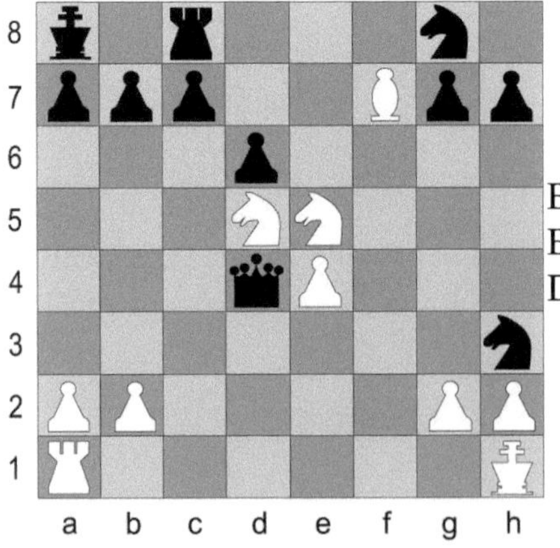

Beispiel 2:
Bei diesem Beispiel zieht die schwarze Dame vom Feld d4 ...

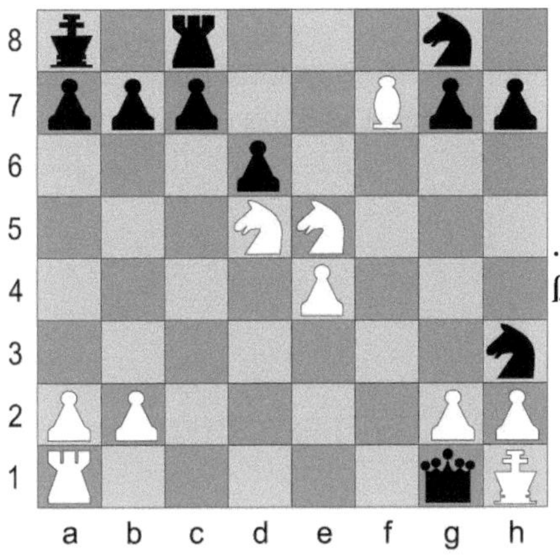

... auf das Feld g1 und bietet dem weißen König auf dem Feld h1 Schach.

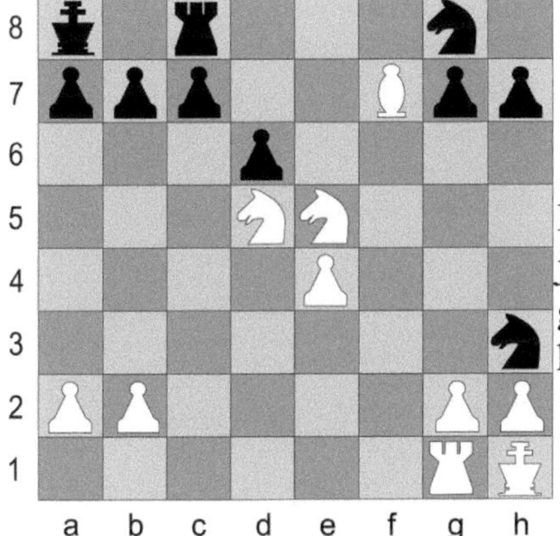

Der weiße Turm auf dem Feld a1 muss jetzt die schwarze Dame auf dem Feld g1 schlagen, da der König nicht fliehen kann.

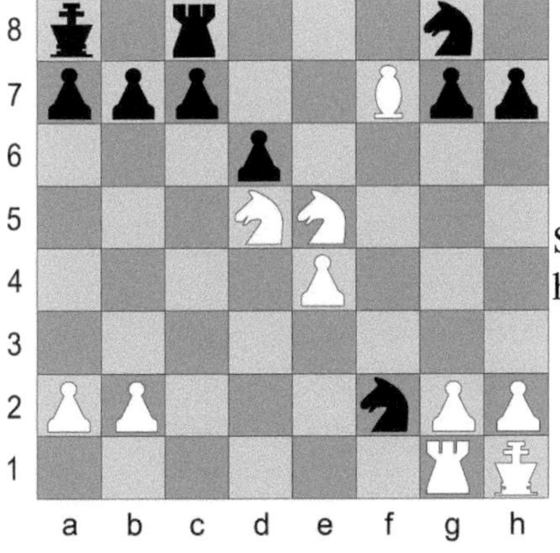

Schwarz zieht den Springer vom Feld h3 auf das Feld f2. Weiß ist damit matt.

# Das Beseitigungsopfer

Das Beseitigungsopfer hat den Zweck, eine wichtige gegnerische Figur zu schlagen. Dadurch könnte der gesamte Plan des Gegners zusammenbrechen.

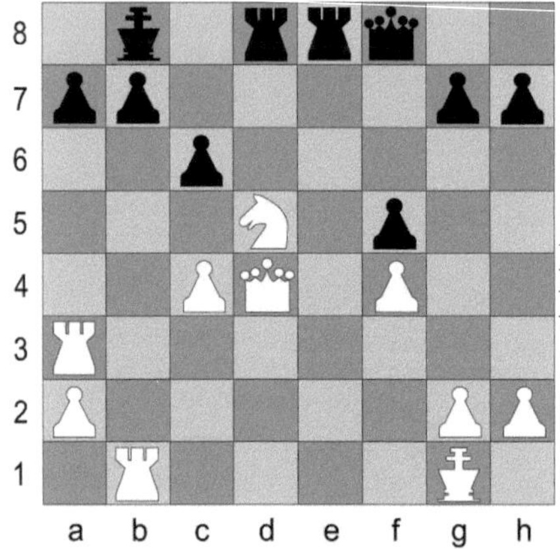

Beispiel 1:
Der weiße Turm zieht vom Feld b1 ...

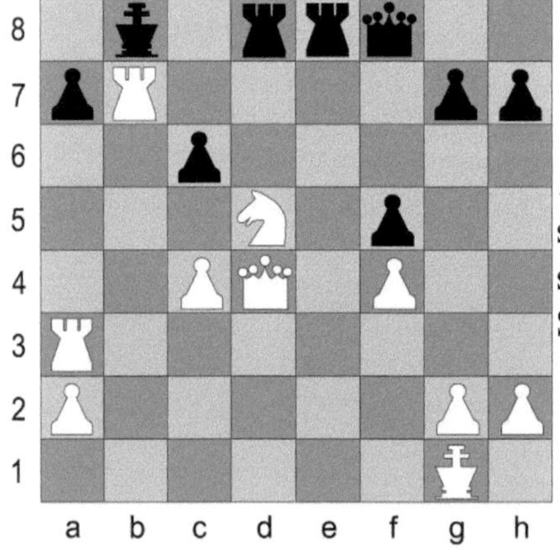

... auf das Feld b7 und schlägt den schwarzen Bauern und bietet dem schwarzen König auf dem Feld b8 Schach.

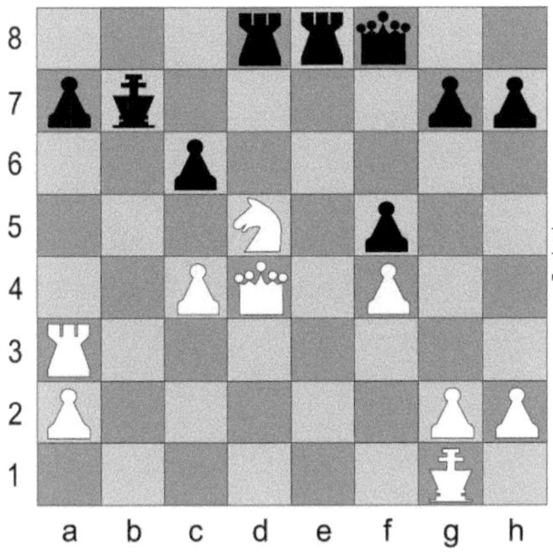

Der schwarze König schlägt den weißen Turm auf dem Feld b7.

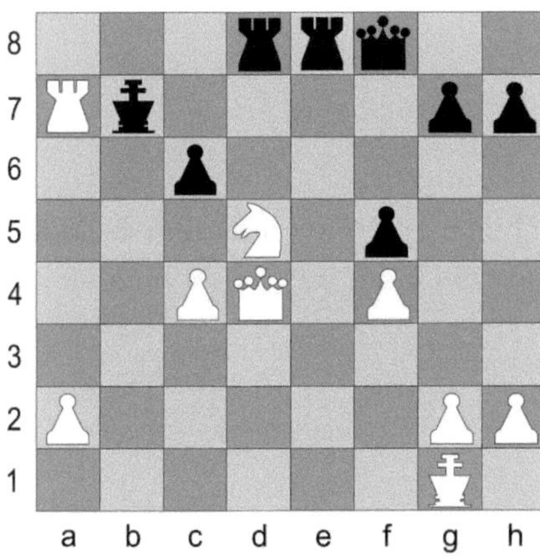

Der weiße Turm auf dem Feld a3 schlägt den schwarzen Bauern auf dem Feld a7 und bietet dem schwarzen König Schach auf dem Feld b7.

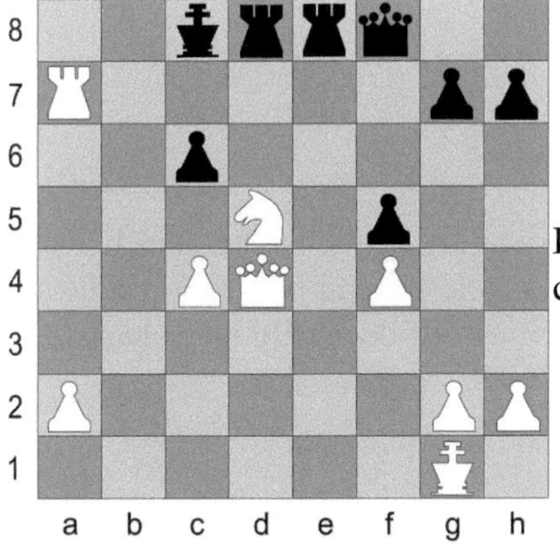

Der schwarze König zieht auf das Feld c8.

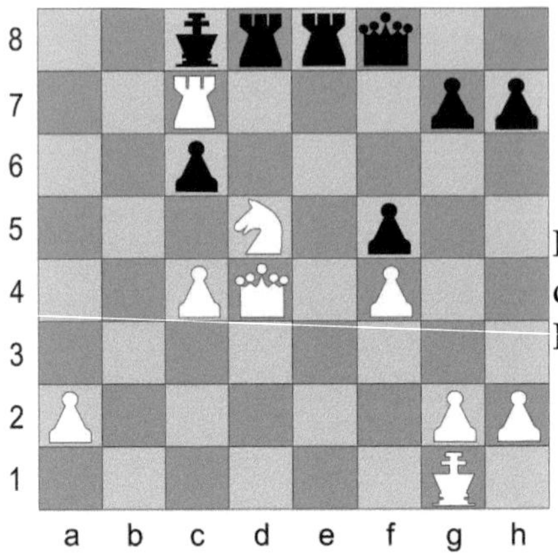

Der weiße Turm vom Feld a7 zieht auf das Feld c7 und bietet dem schwarzen König Schach.

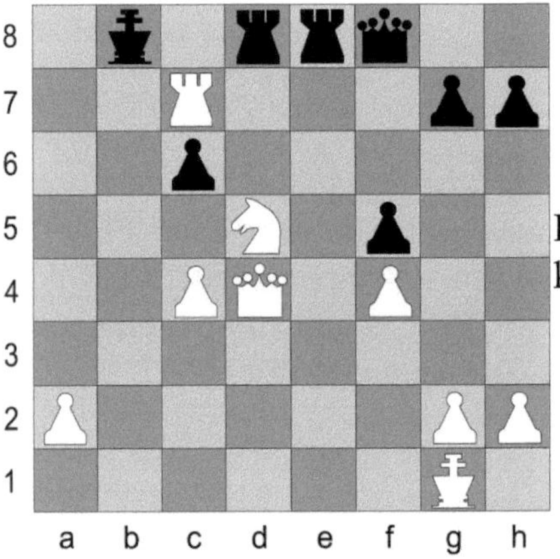

Der schwarze König auf dem Feld c8 kann nur noch auf das Feld b8 ziehen.

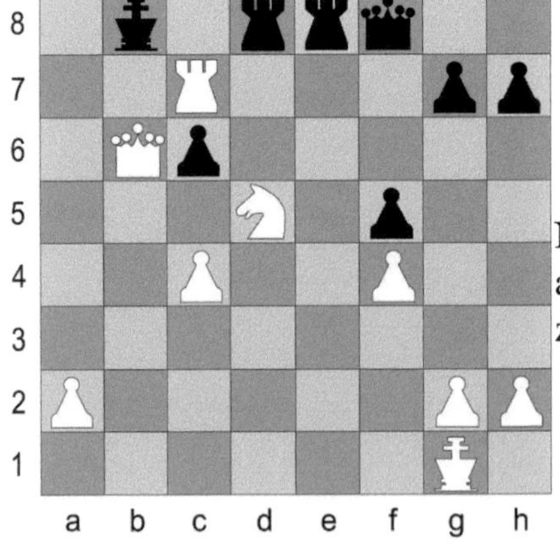

Nun zieht die weiße Dame vom Feld d4 auf das Feld b6 und bietet dem schwarzen König auf dem Feld b8 Schach.

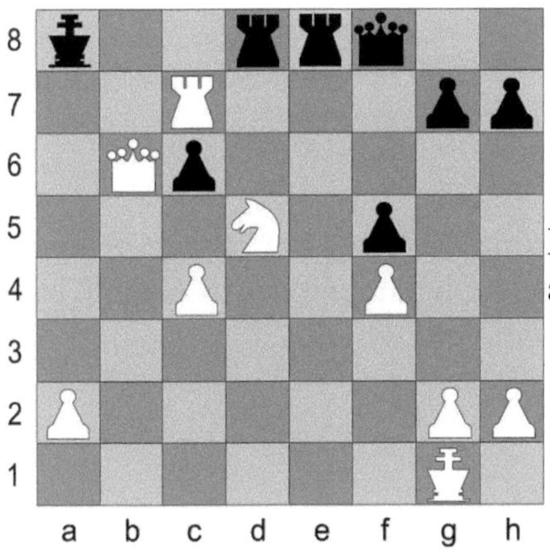

Der schwarze König muss vom Feld b8 auf das Feld a8 ziehen.

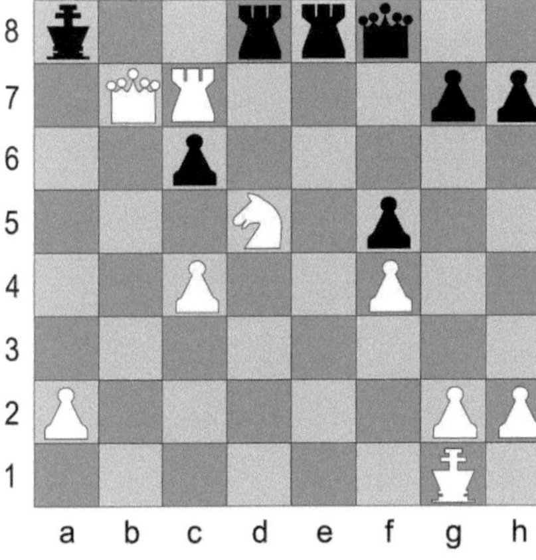

Als letzter Zug zieht Weiß mit der Dame vom Feld b6 auf das Feld b7 und Schwarz ist matt.

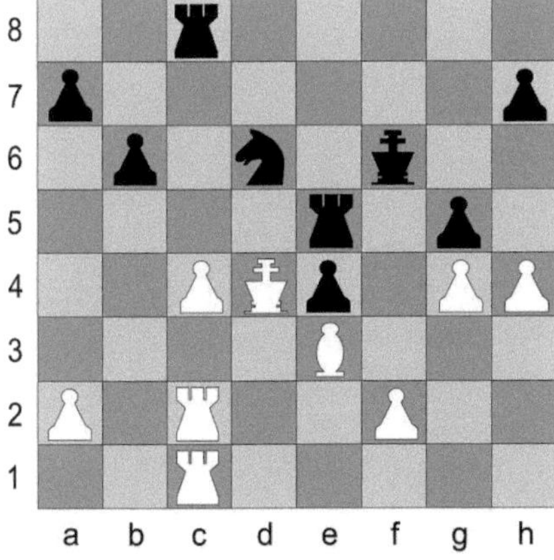

Beispiel 2:
Bei diesem Beispiel zieht der schwarze Turm vom Feld c8 ...

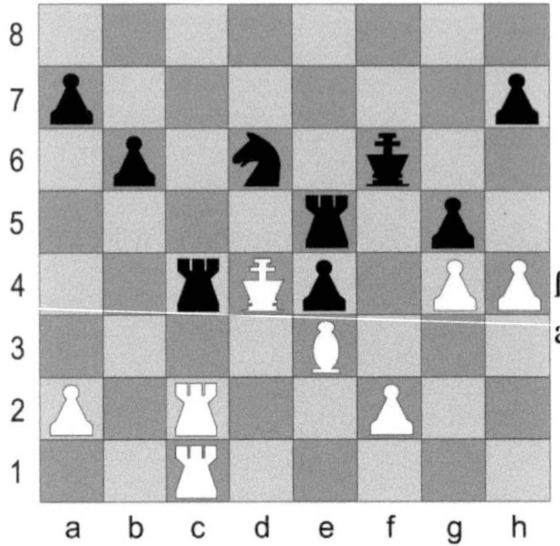

... auf das Feld c4 und schlägt den weißen Bauer und bietet dem weißen König auf dem Feld d4 Schach.

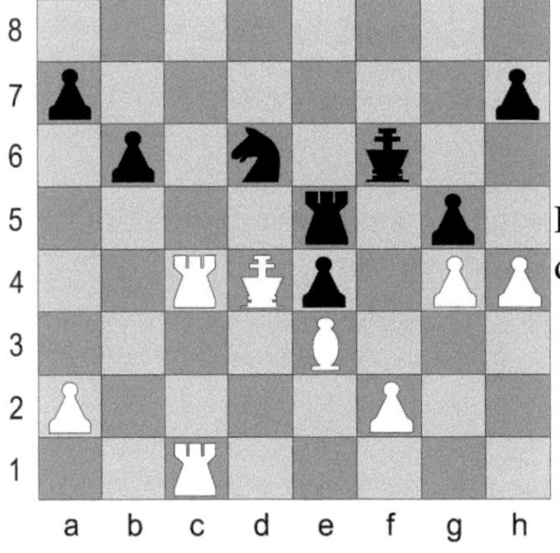

Der weiße Turm vom Feld c2 schlägt den schwarzen Turm auf dem Feld c4.

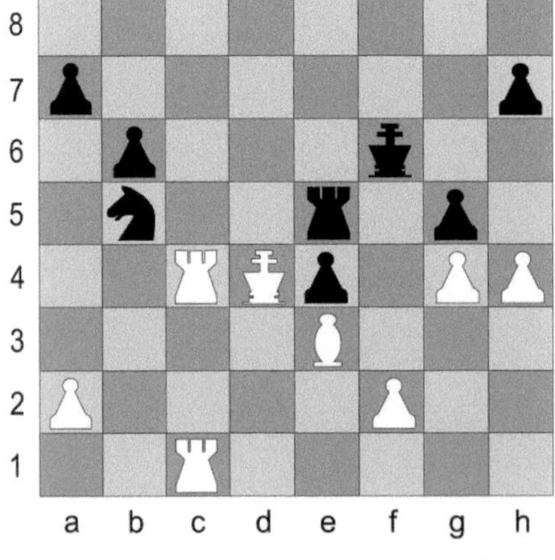

Der schwarze Springer zieht vom Feld d6 auf das Feld b5 und bietet dem weißen König auf dem Feld d4 Schach. Weiß ist damit matt.

# Der Abzug

Im Schachspiel ist ein Abzug ein Zug einer Figur, bei dem einer der folgenden Figuren - Turm, Läufer oder Dame – die zuvor keine Wirkung hatte, sofort einen Angriff ausführt. Eine eigene Figur wird weggezogen, damit eine andere eigene Figur den Gegner angreifen kann. Darauf folgt meist ein Doppelangriff.

Als besonders ist das Abzugsschach zu erwähnen. Da das Schachangebot ja sofort unterbunden werden muss. Dadurch ist es als besonders gefährlich einzustufen, wenn ein Angriff auf die Dame erfolgt und dem König Schach geboten wird.

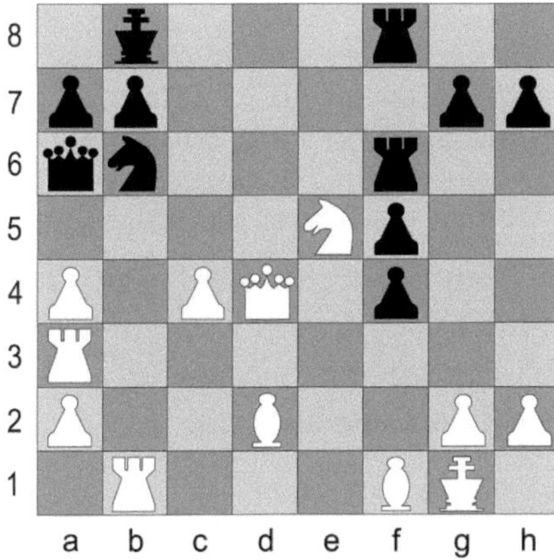

Beispiel 1:
Der weiße Läufer zieht vom Feld d2 ...

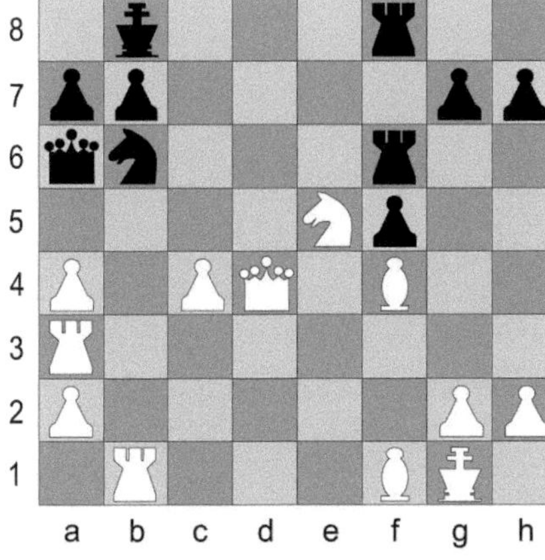

... auf das Feld f4 und schlägt den schwarzen Bauer.

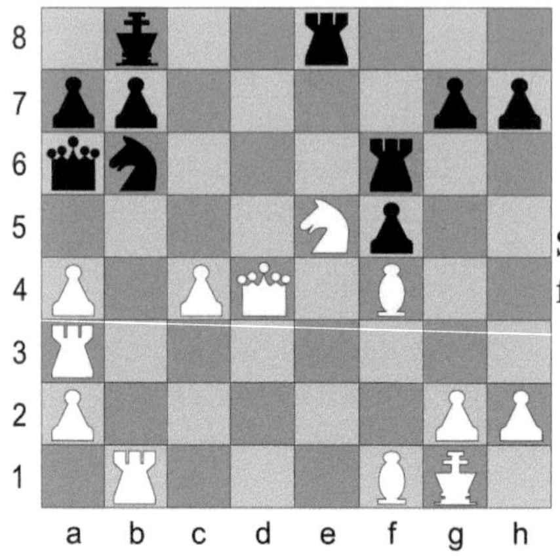

Schwarz zieht mit dem Turm vom Feld f8 auf das Feld e8.

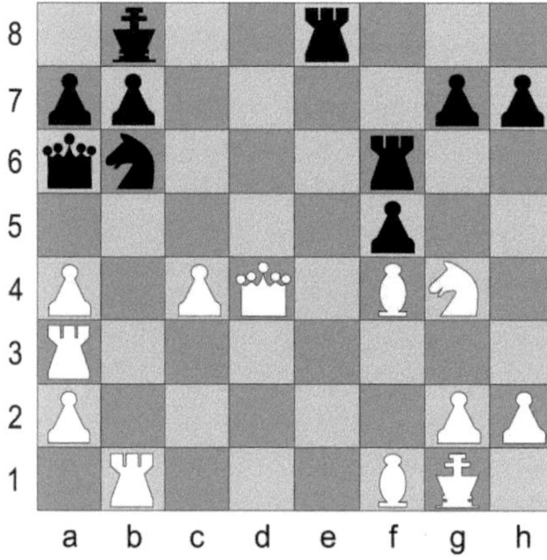

Der weiße Springer zieht nun vom Feld e5 auf das Feld g4 und greift den schwarzen Turm auf dem Feld f6 an. Damit kann der weiße Läufer auf dem Feld f4 dem schwarzen König auf dem Feld b8 Schach bieten. Schwarz verliert in diesem Fall seinen Turm.

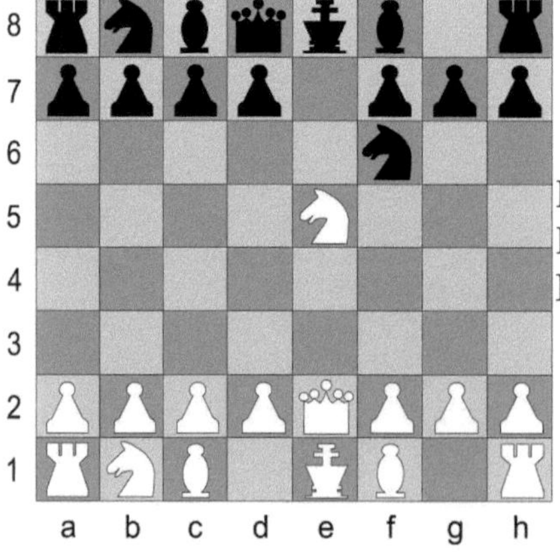

Beispiel 2:
Der Abzug des weißen Springers vom Feld e5 ...

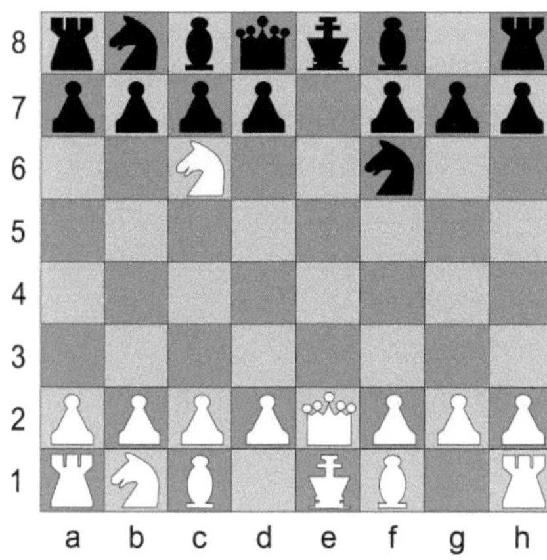

... auf das Feld c6 ist auch noch gleichzeitig ein Doppelangriff. Der weiße Springer greift die schwarze Dame auf dem Feld d8 an, und die weiße Dame auf dem Feld e2 bietet dem schwarzen König auf dem Feld e8 Schach.

Schwarz hat damit seine Dame verloren. Denn der weiße Springer schlägt immer die Dame, egal ob sie auf dem Feld d8 bleibt oder auf das Feld e7 zieht. Weiß hat einen Materialgewinn erzielt.

## Die Übermacht

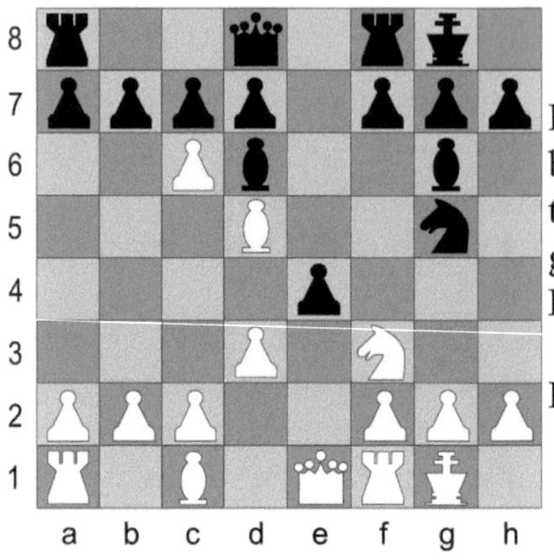

Bei der Übermacht ist es das Ziel, ein bestimmtes Feld am häufigsten zu kontrollieren. Man sollte keine höherwertigere Figuren gegen niederwertigere Figuren tauschen.

Der weiße Bauer zieht vom Feld d3 ...

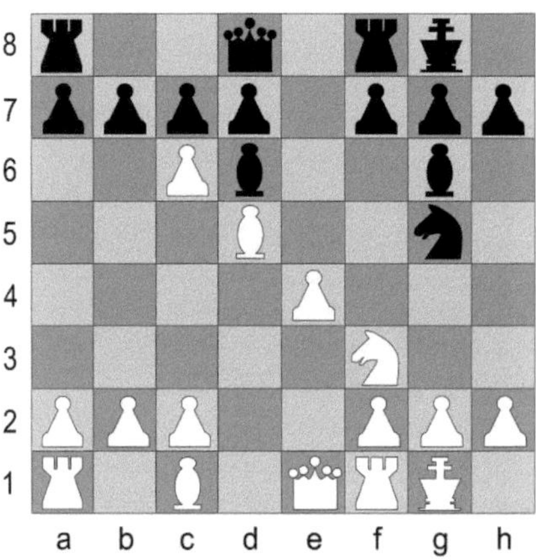

... auf das Feld e4 und schlägt den schwarzen Bauer.

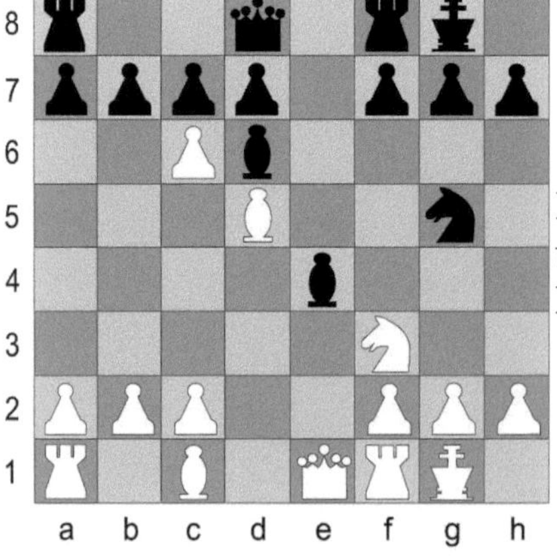

Der schwarze Läufer zieht vom Feld g6 und schlägt den weißen Bauern auf dem Feld e4

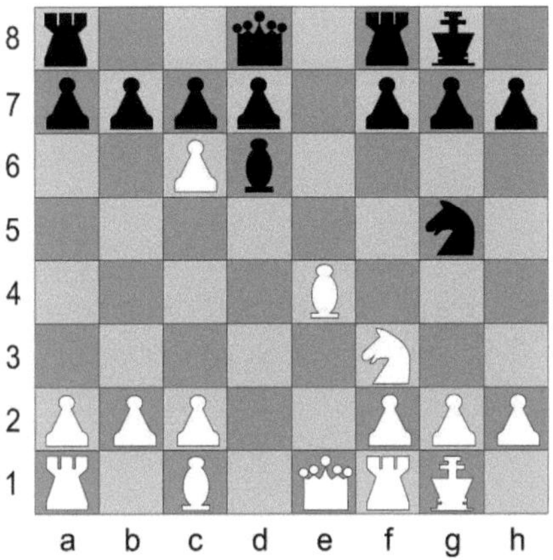

Der weiße Läufer zieht vom Feld d5 auf das Feld e4 und schlägt den schwarzen Läufer.

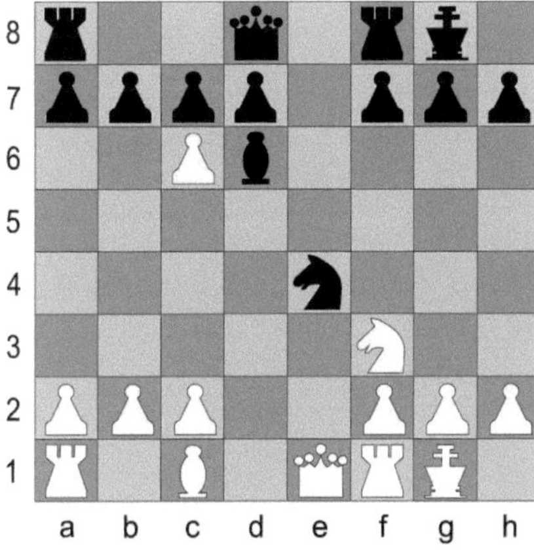

Der schwarze Springer zieht vom Feld g5 auf das Feld e4 und schlägt den weißen Läufer.

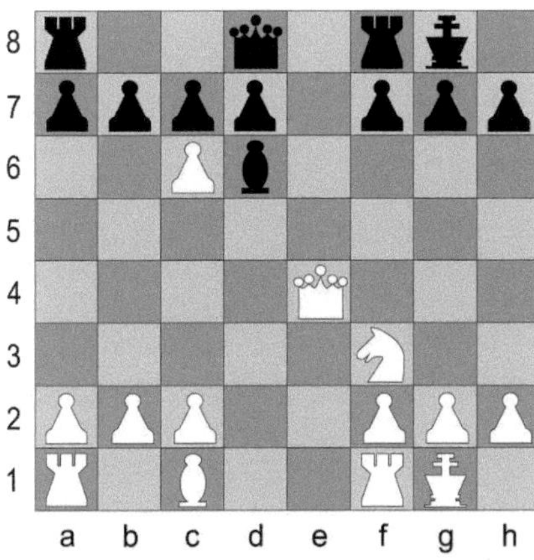

Die weiße Dame zieht vom Feld e1 auf das Feld e4 und schlägt den schwarzen Springer.

Weiß hat eine Leichtfigur (Springer) gewonnen.

## Die überlastete Figur

Von einer überlasteten Figur spricht man beim Schachspiel, wenn eine Figur mehrere Aufgaben erfüllen muss, aber ihren Aufgaben nicht mehr nachkommen kann.

In diesem Beispiel haben beide Parteien das gleiche Material zu Verfügung. Nur hat Schwarz aber eine Schwäche. Der schwarze Turm auf dem Feld d7 hat zwei Aufgaben zu erfüllen. Er muss den schwarzen Springer auf dem Feld d3 und den schwarzen Springer auf dem Feld g7 schützen. In diesen Fall kann der schwarze Turm nur eine Figur schützen, die andere Figur muss er schutzlos lassen.

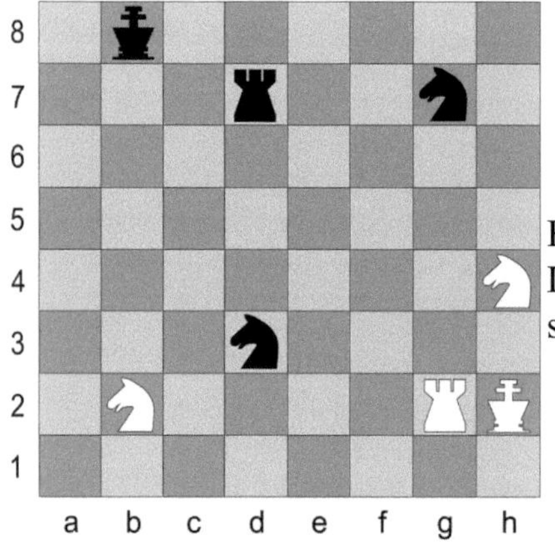

Beispiel 1:
Der weiße Springer auf dem Feld b2 schlägt ...

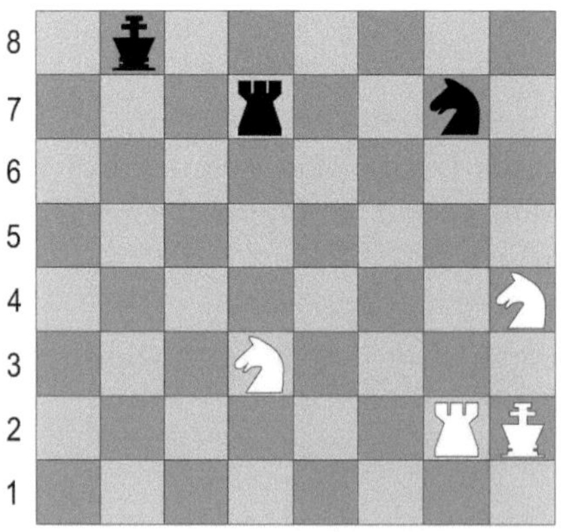

... den schwarzen Springer auf dem Feld d3.

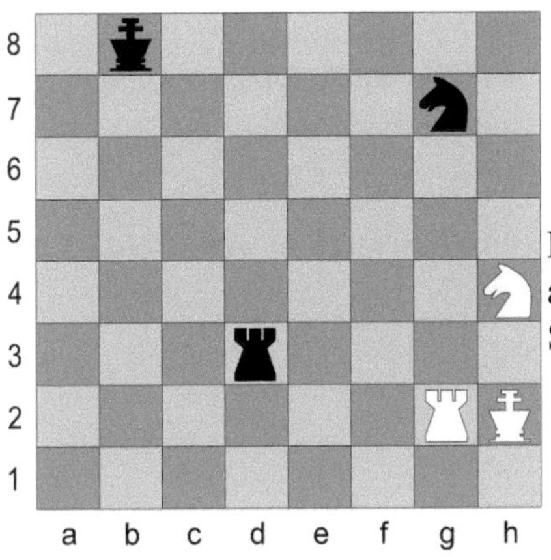

Der schwarze Turm vom Feld d7 zieht auf das Feld d3 und schlägt den weißen Springer.

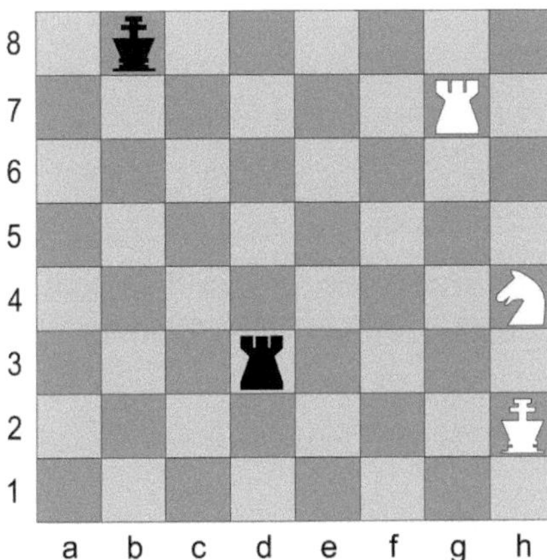

Der weiße Turm auf dem Feld g2 schlägt den schwarzen Springer auf dem Feld g7.

Damit hat Weiß einen Materialgewinn gemacht.

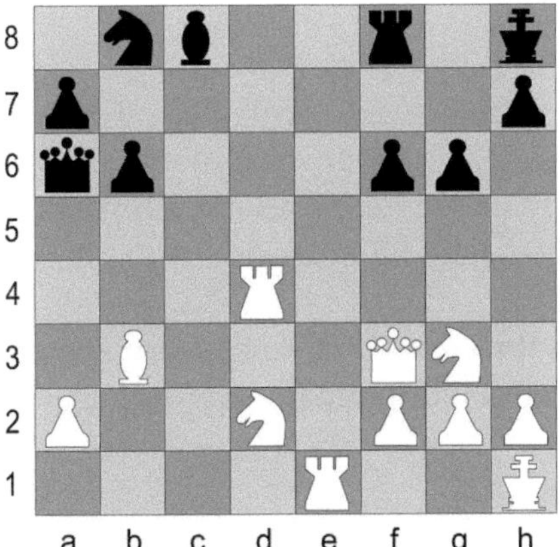

Beispiel 2:
Der schwarze Turm auf f8 ist überlastet.

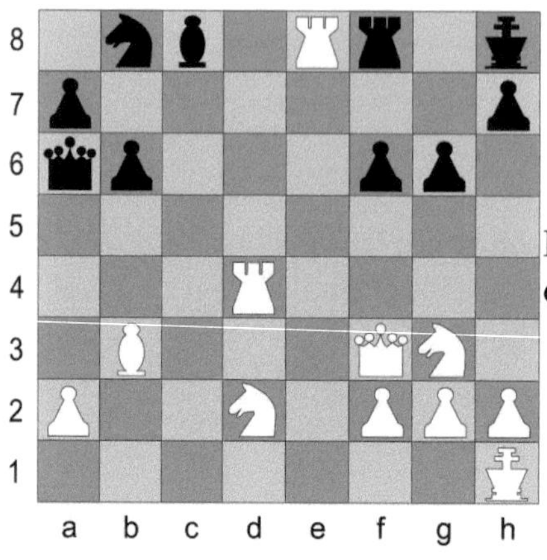

Der weiße Turm zieht vom Feld e1 auf das Feld e8.

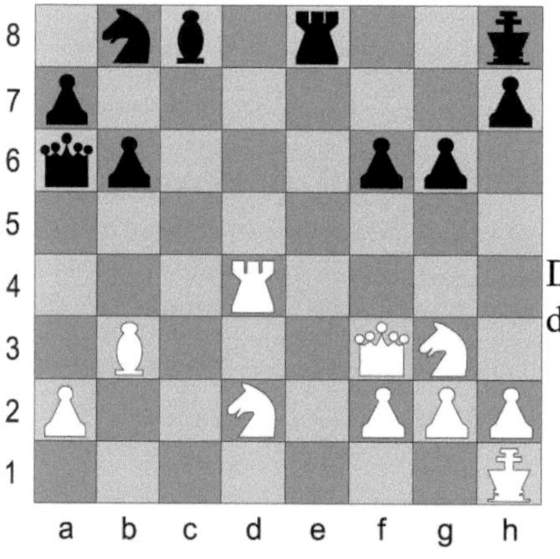

Der schwarze Turm auf Feld f8 schlägt den weißen Turm auf dem Feld e8.

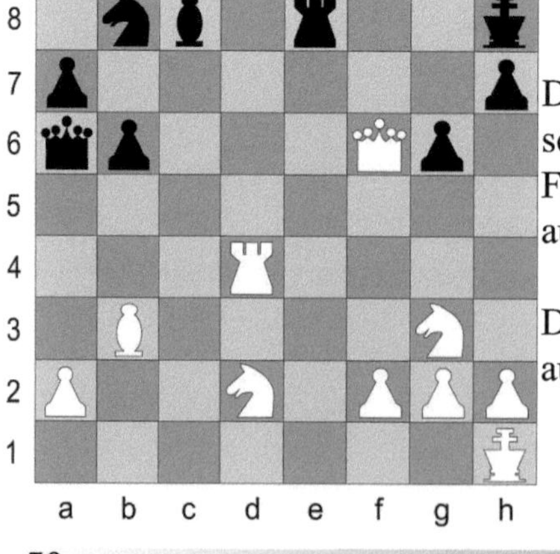

Die weiße Dame auf dem Feld f3 schlägt den schwarzen Bauern auf dem Feld f6 und bietet dem schwarzen König auf dem Feld h8 Schach.

Der schwarze Turm konnte den Bauern auf dem Feld f6 nicht mehr decken.

# Die Räumung

Im Schachspiel bedeutet die Räumung, dass man ein Feld oder Linien freimacht, damit diese von einer eigenen Figur besetzt oder überzogen werden kann.

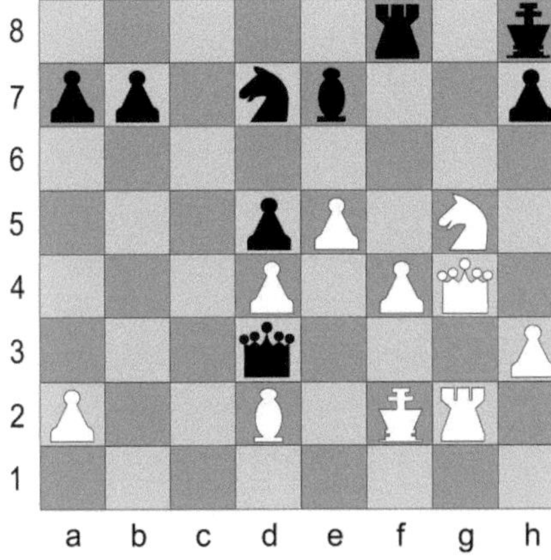

Beispiel 1:
Der weiße Springer zieht vom Feld g5...

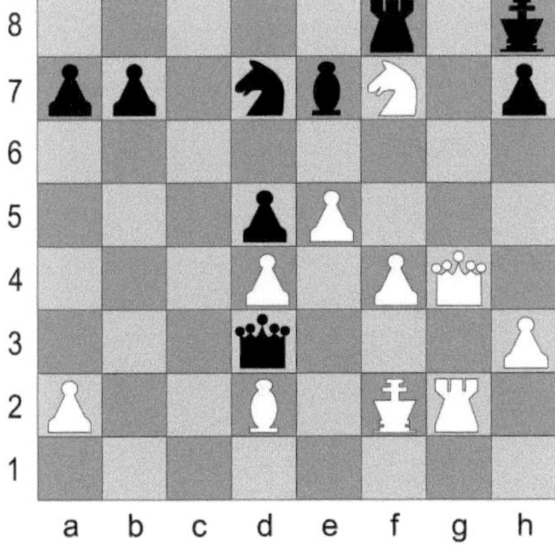

... auf das Feld f7 und bietet dem schwarzen König Schach.

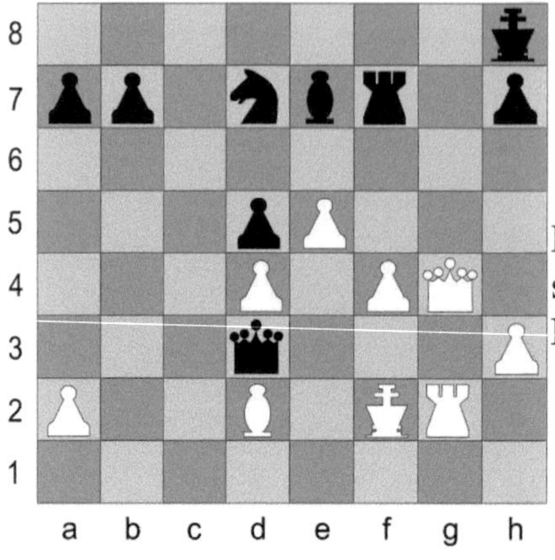

Der schwarze Turm auf dem Feld f8 schlägt den weißen Springer auf dem Feld f7.

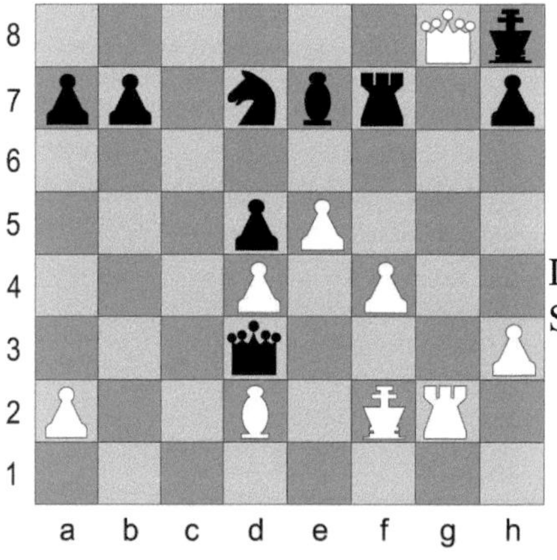

Die weiße Dame zieht auf das Feld g8. Schwarz ist matt.

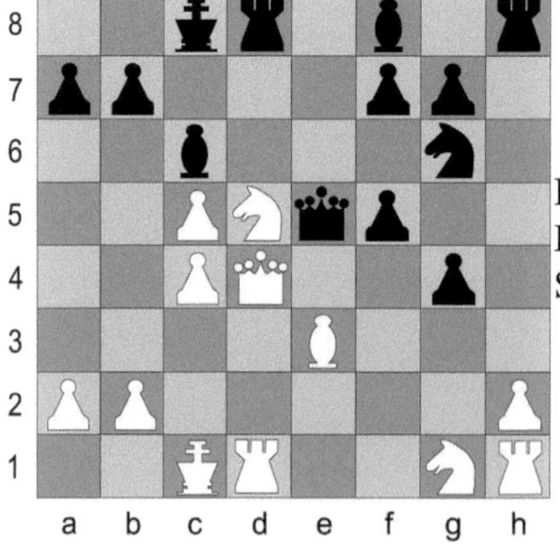

Beispiel 2:
Bei diesem Beispiel zieht der weiße Springer vom Feld d5 ...

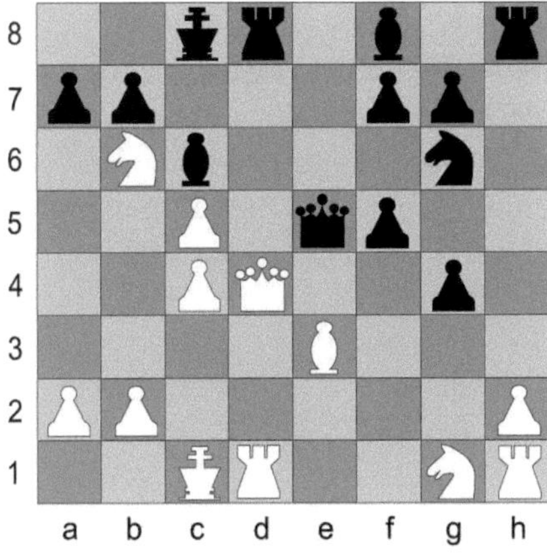

... auf das Feld b6 und bietet dem schwarzen König auf dem Feld c8 Schach.

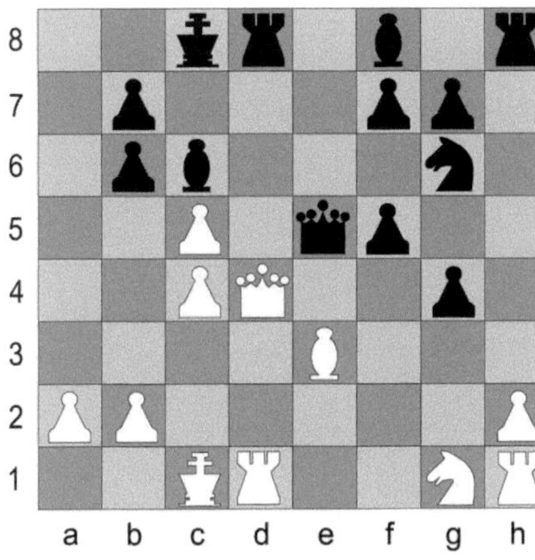

Der schwarze Bauer auf dem Feld a7 schlägt den weißen Springer auf dem Feld b6.

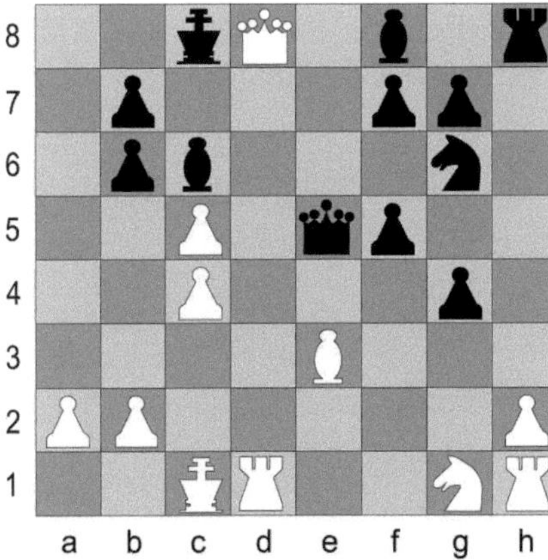

Die weiße Dame zieht vom Feld d4 auf das Feld d8 und schlägt den schwarzen Turm. Schwarz ist matt.

# Der Röntgenangriff

Als Röntgenangriff bezeichnet man eine Stellung, in der die Angriffsfiguren und Angriffsziele in einer – Linie, Reihe oder Diagonale – stehen, wobei aber zwischen beiden noch eigene oder gegnerische Figuren stehen und den Blick versperren. Bauer, Springer und König können keinen Röntgenangriff machen. Diagonal ist der Angriff nur mit Läufer und Dame, vertikal nur mit Turm und Dame möglich.

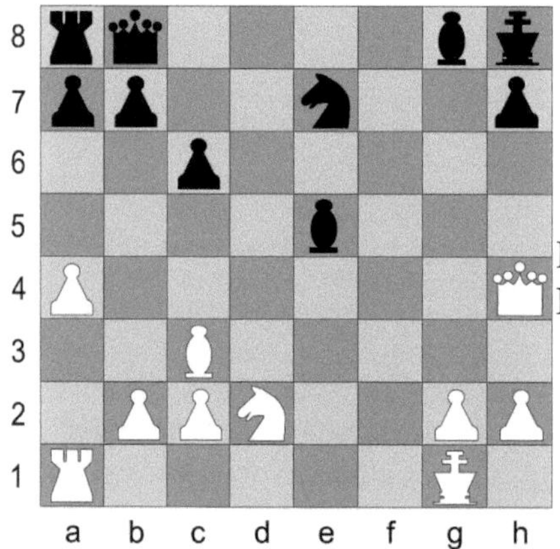

Beispiel 1:
Die weiße Dame zieht vom Feld h4 ...

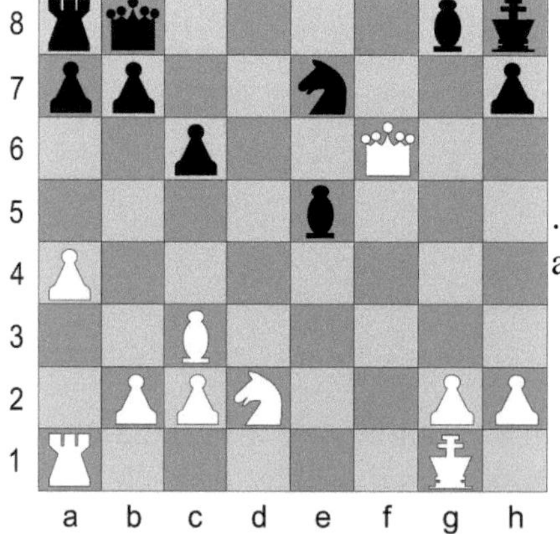

... auf das Feld f6 und bietet den König auf dem Feld h8 Schach.

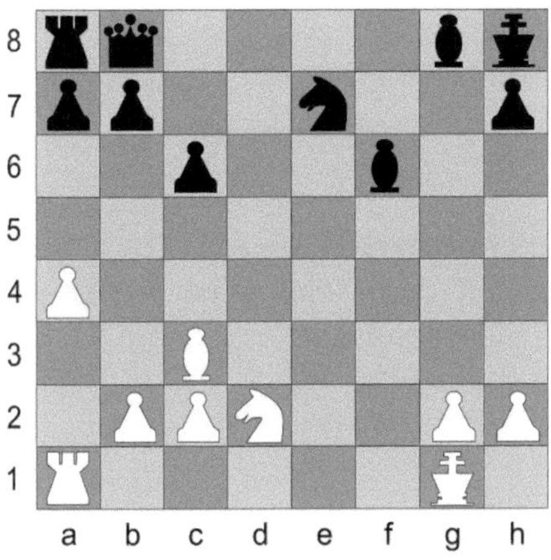

Der schwarze Läufer auf dem Feld e5 schlägt die weiße Dame auf dem Feld f6.

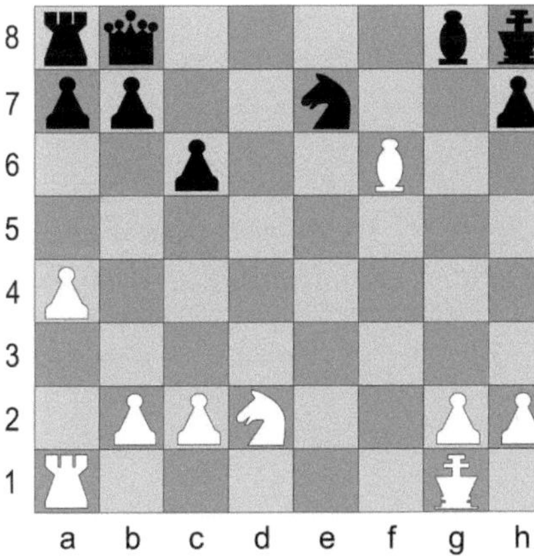

Der weiße Läufer auf dem Feld c3 schlägt den schwarzen Läufer auf dem Feld f6. Schwarz ist matt.

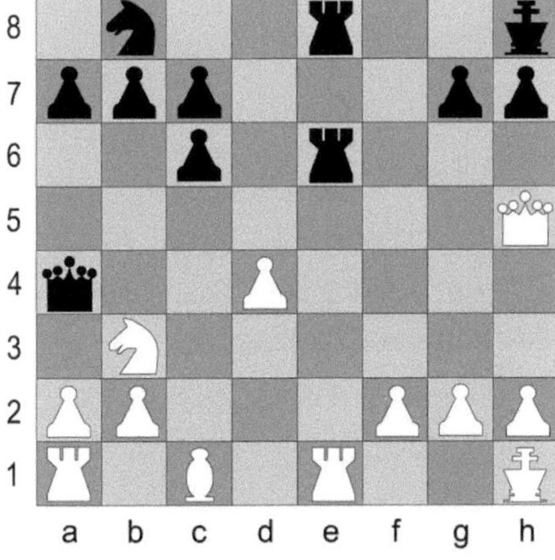

Beispiel 2:
In diesem Beispiel schlägt die weiße Dame auf dem Feld h5 ...

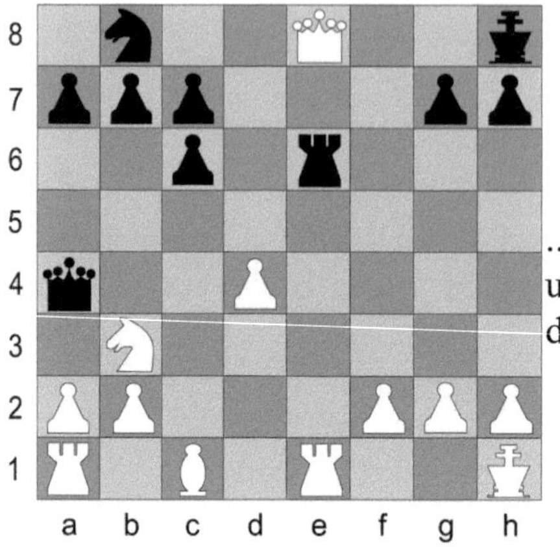

... den schwarzen Turm auf dem Feld e8 und bietet dem schwarzen König auf dem Feld h8 Schach.

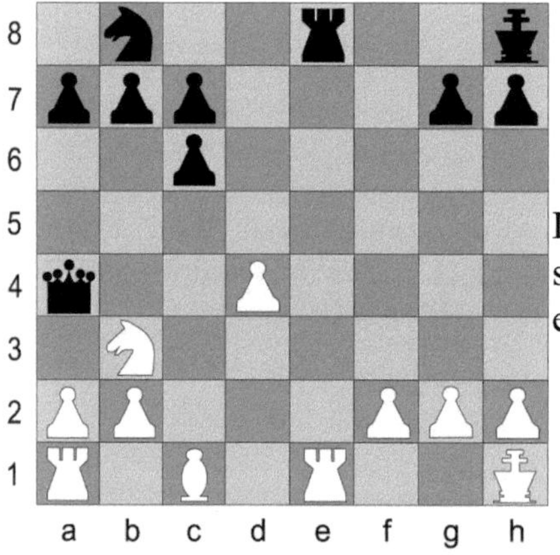

Der schwarze Turm auf dem Feld e6 schlägt die weiße Dame auf dem Feld e8.

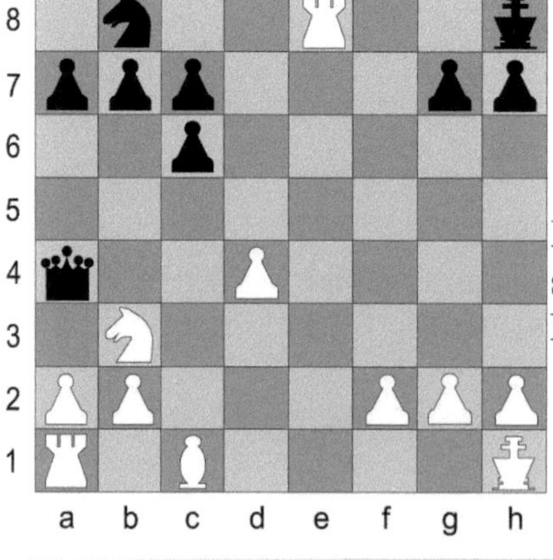

Der weiße Turm auf dem Feld e1 schlägt den schwarzen Turm auf dem Feld e8. Schwarz ist matt.

# Die Schwächung der Grundreihe

Sollte eine Schwerfigur auf die Grundreihe gelangen und wird dem König
Schach geboten, ist er auch gleichzeitig matt! Denn dort hat der König keinen Ausweichmöglichkeiten, noch kann er das matt abwehren. Dies passiert
jedem Anfänger.

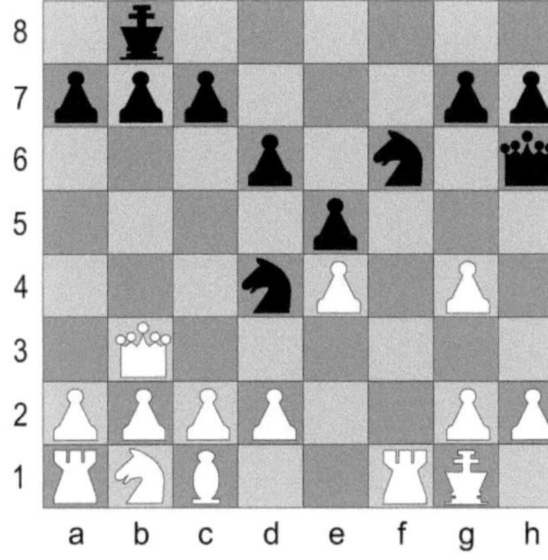

Beispiel 1:
Die weiße Dame zieht vom Feld b3 ...

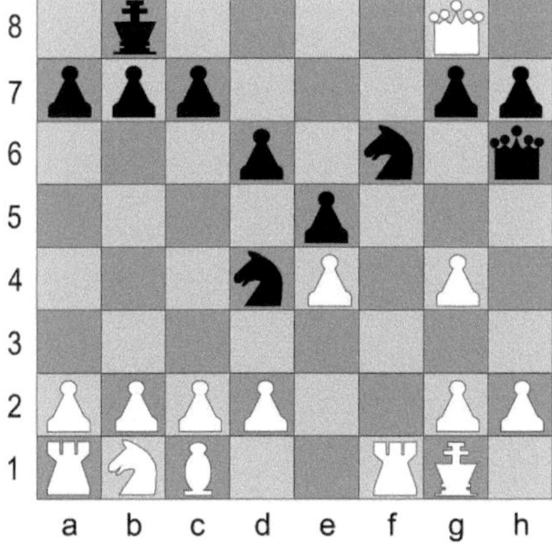

... auf das Feld g8 und bietet dem
schwarzen König auf dem Feld b8
Schach.

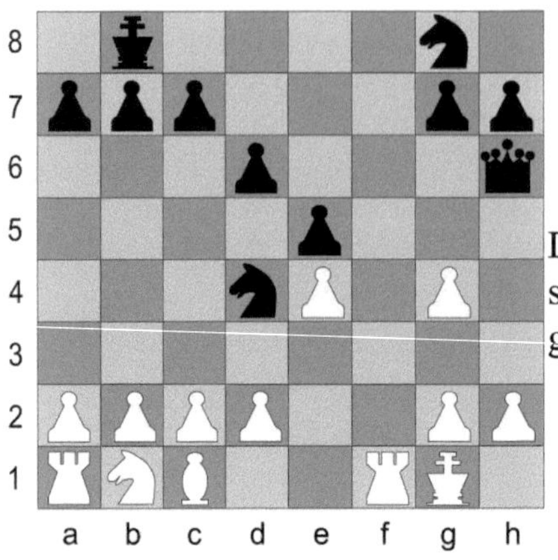

Der schwarze Springer auf dem Feld f6 schlägt die weiße Dame auf dem Feld g8.

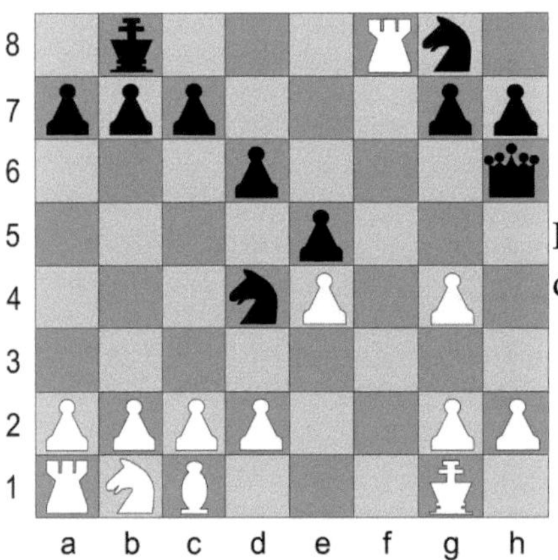

Der weiße Turm zieht vom Feld f1 auf das Feld f8. Schwarz ist matt.

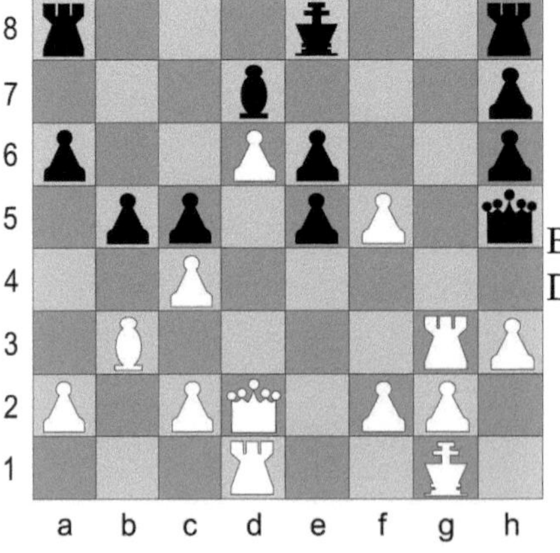

Beispiel 2:
Der schwarze Bauer auf dem Feld e6 ...

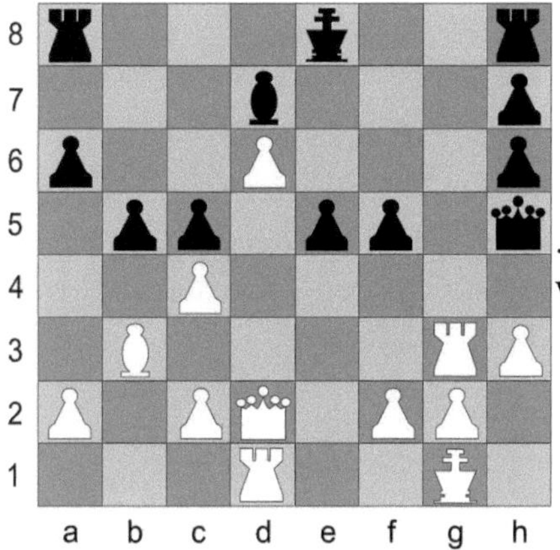

... zieht auf das Feld f5 und schlägt den weißen Bauer.

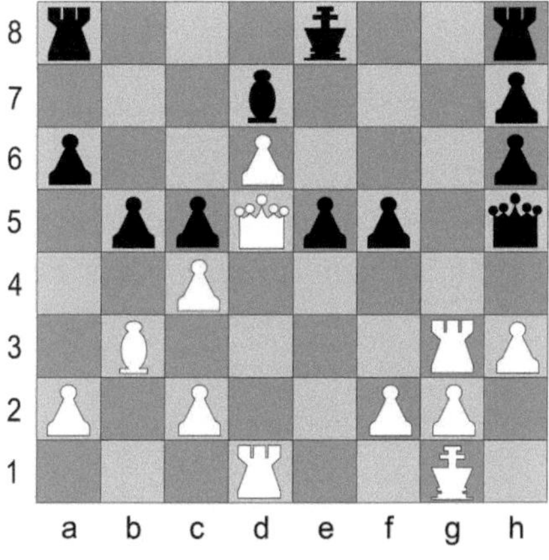

Die weiße Dame zieht vom Feld d2 auf das Feld d5.

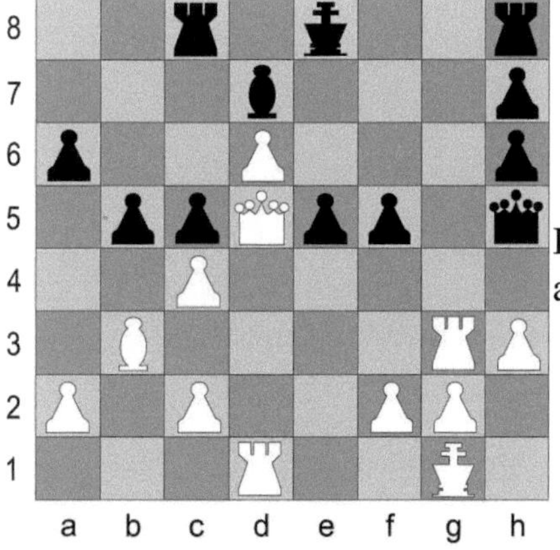

Der schwarze Turm zieht vom Feld a8 auf das Feld c8.

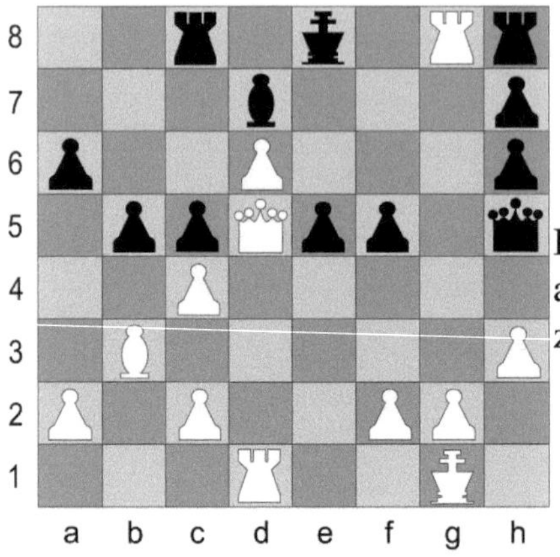

Der weiße Turm auf dem Feld g3 zieht auf das Feld g8 und bietet dem schwarzen König Schach.

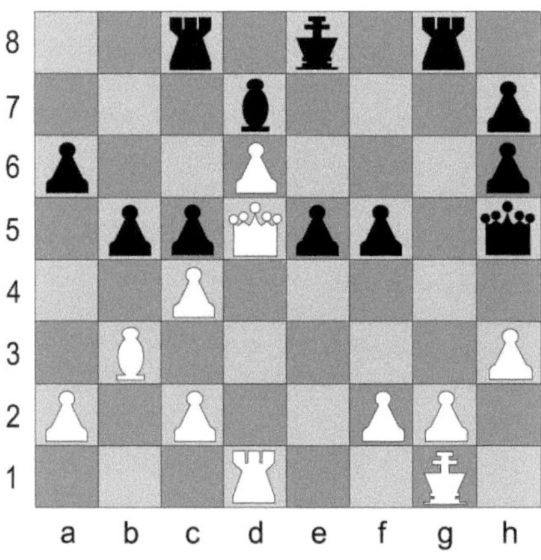

Der schwarze Turm auf dem Feld h8 schlägt den weißen Turm auf dem Feld g8.

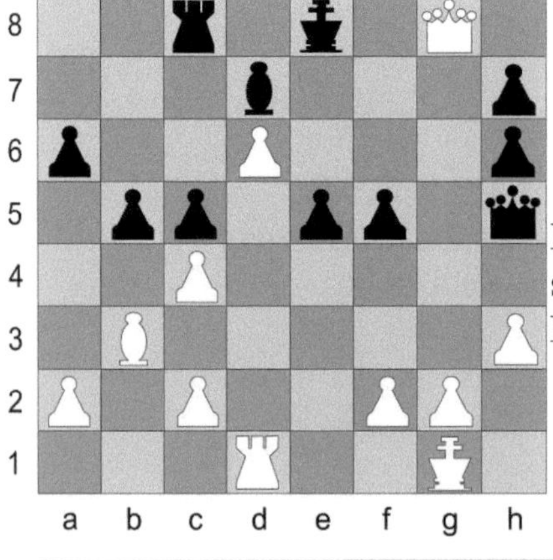

Die weiße Dame auf dem Feld d5 schlägt den schwarzen Turm auf dem Feld g8. Schwarz ist matt.

# Der rückständige Bauer

Als rückständiger Bauer bezeichnet man im Schachspiel die Bauern, wenn er durch gegnerische Bauern am vorrücken gehindert wird und die eigenen Bauern ihn nicht mehr decken können, weil sie schon geschlagen oder zu weit vorgezogen sind.

Dadurch ist der rückständige Bauer sehr schwach. Auch die Felder vor ihm sind schwach. Deswegen versucht man, diese Felder mit Leichtfiguren zu besetzen und so die gegnerische Stellung zu kontrollieren.

Hier zwei Beispiele:

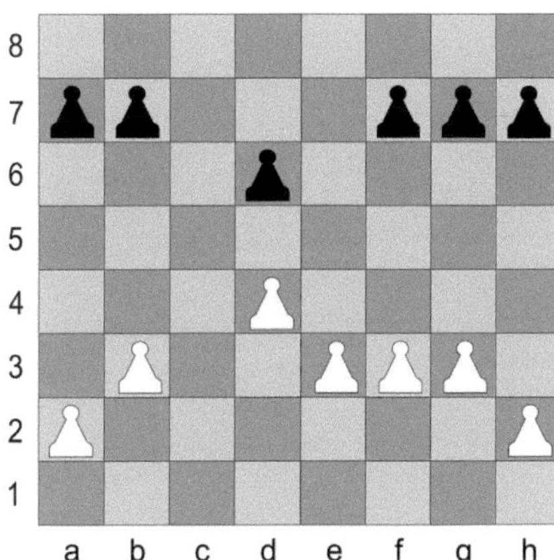

Bei diesem Beispiel ist der schwarze Bauer auf dem Feld d6 der rückständige Bauer. Der weiße Bauer auf dem Feld d4 blockiert ihn im nächsten Zug und der schwarze Bauer hat auch keine Verteidigung.

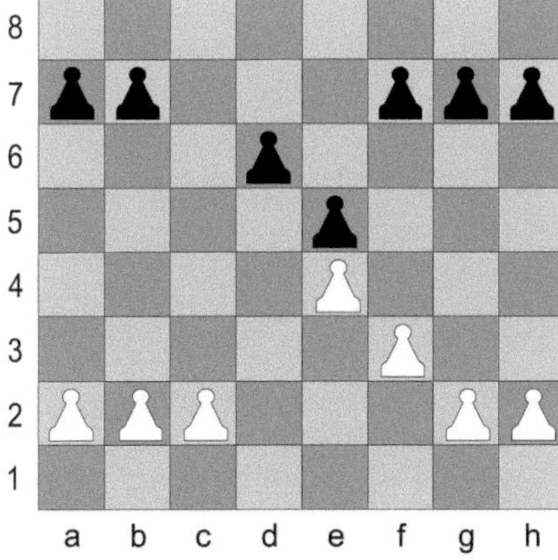

Hier ein ähnliches Bild. Der schwarze Bauer auf dem Feld d6 ist rückständig. Er ist an dieses Feld „gefesselt". Denn der weiße Bauer auf dem Feld e4 schlägt den schwarzen Bauer, wenn er auf das Feld d5 zieht. Auch hat der schwarze Bauer keine Verteidigung.

# Kleine Übungen

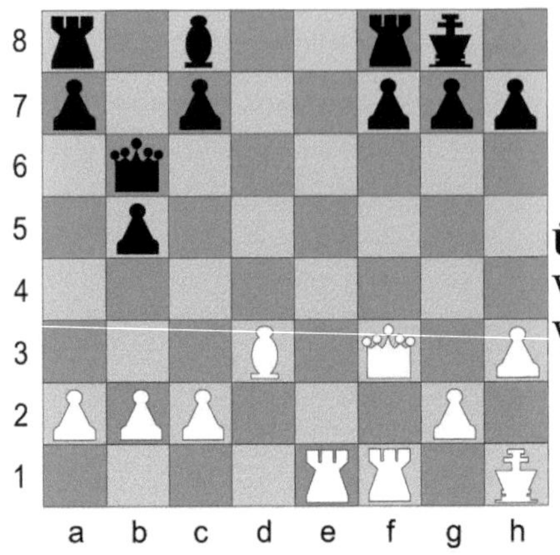

**Übung 1:**

Weiß ist am Zug. Welchen Zug sollte Weiß jetzt machen?

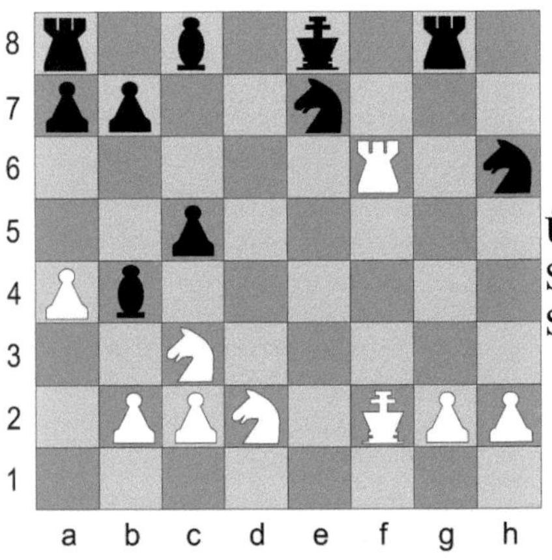

**Übung 2:**

Schwarz ist am Zug. Welchen Zug sollte Schwarz jetzt machen?

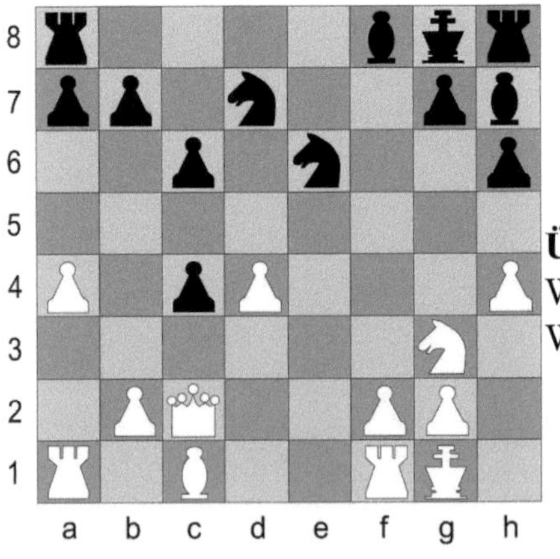

**Übung 3:**

Weiß ist am Zug. Welchen Zug sollte Weiß jetzt machen?

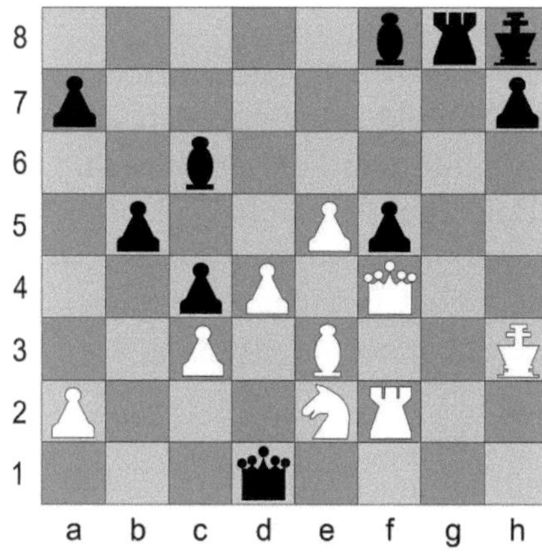

**Übung 4:**
Schwarz ist am Zug. Welchen Zug sollte
Schwarz jetzt machen?

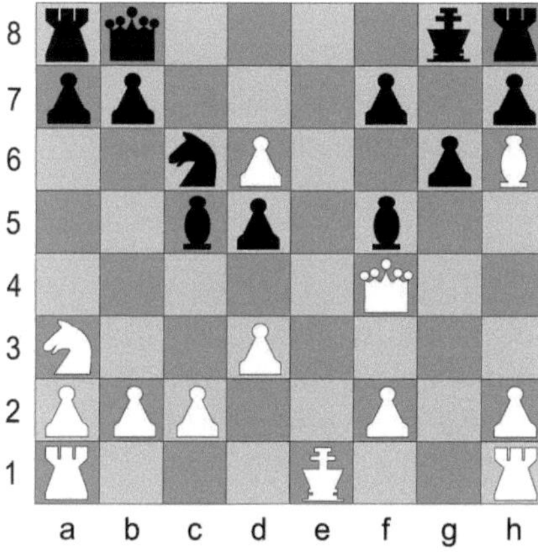

**Übung 5:**
Weiß ist am Zug. Welchen Zug sollte
Weiß jetzt machen?

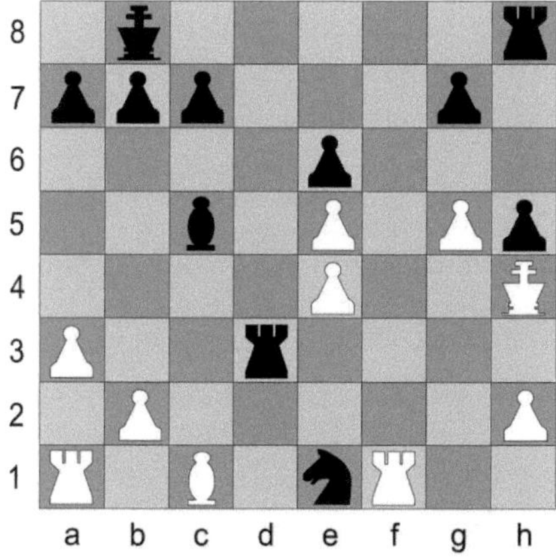

**Übung 6:**
Schwarz ist am Zug. Welchen Zug sollte
Schwarz jetzt machen?

# Lösungen:

### Übung 1:

Weiß zieht mit der Dame vom Feld f3 auf das Feld f7, schlägt den schwarzen Bauer und bietet dem schwarzen König auf dem Feld g8 Schach. Der schwarze Turm auf f8 schlägt die weiße Dame auf dem Feld f7. Der weiße Turm vom Feld e1 zieht auf das Feld e8 und bietet Schwarz Schach. Jetzt kann Schwarz nur noch dem Turm auf das Feld f8 ziehen, wird aber im nächsten Zug vom weißen Turm geschlagen und Schwarz ist matt.

### Übung 2:

Schwarz zieht mit dem Springer vom Feld h6 auf das Feld g4 und bietet dem weißen König auf dem Feld f2 Schach. Damit hat Weiß seinen Turm auf dem Feld f6 verloren.

### Übung 3:

Die weiße Dame zieht vom Feld c2 auf das Feld c4 und schlägt den weißen Bauern. Dadurch ist der weiße Springer auf dem Feld e6 gefesselt.

### Übung 4:

Schwarz zieht mit dem Läufer vom Feld f8 auf das Feld h6. Die weiße Dame auf dem Feld f4 schlägt den schwarzen Läufer auf dem Feld h6. Die schwarze Dame auf dem Feld d1 zieht auf das Feld h1 und bietet dem weißen König auf dem Feld h3 Schach. Der weiße Turm vom Feld f2 zieht auf das Feld h2. Der schwarze Läufer vom Feld c6 zieht auf das Feld g2. Weiß ist matt.

### Übung 5:

Die weiße Dame auf dem Feld f4 schlägt den Läufer auf dem Feld f5. Der schwarze Bauer auf dem Feld g6 schlägt die weiße Dame auf dem Feld f5. Der weiße Turm zieht vom Feld h1 auf das Feld g1. Schwarz ist matt.

### Übung 6:

Der schwarze Springer zieht vom Feld e1 auf das Feld g2. Weiß ist damit matt.

# Schach lernen - Schach für Anfänger: Grundkenntnisse des Schachspiels schnell und mühelos erlernen

Das leicht verständliche Schachbuch für den erfolgreichen Einstieg
Mit diesem Buch können Sie das Schachspiel schnell und mühelos erlernen.
Die Grundkenntnisse des Schachspiels werden verständlich erklärt und mit
über 150 Abbildungen wird dem Anfänger der Einstieg leicht gemacht.

| | | |
|---|---|---|
| ISBN: | 978-3-7386-3682-6 | |
| Format: | 21 x 14,8 | |
| Seiten: | 76 | |
| Verlag: | BoD – Books on Demand | |
| Auflage: | 3 | |
| Erschienen: | 2022 | |
| Einband: | Paperback | |

# Schach lernen - Schach für Anfänger: Die Eröffnung

Nachdem Sie die Schachregeln erlernt haben, ist es natürlich sinnvoll, sich jetzt mit der Schacheröffnung vertraut zu machen.

Ich möchte mit diesem Buch den Schachanfänger in die Materie der Schacheröffnung einführen. Die wichtigsten Eröffnungen werden mit zahlreichen Diagrammen dargestellt. Der Schachanfänger soll die Eröffnung ohne grobe Fehler erfolgreich gestalten.

| ISBN: | 978-3-7392-0447-5 |
|---|---|
| Format: | 21 x 14,8 |
| Seiten: | 116 |
| Verlag: | BoD – Books on Demand |
| Auflage: | 3 |
| Erschienen: | 2022 |
| Einband: | Paperback |

# Schach lernen - Schach für Anfänger: Das Endspiel

Nachdem Sie sich mit dem Mittelspiel auseinandergesetzt haben, werden wir uns jetzt mit dem Endspiel vertraut machen.

Ich möchte mit diesem Buch den Schachanfänger in die Materie der Endspiele einführen. Die wichtigsten Endspiele werden mit zahlreichen Diagrammen dargestellt. Der Schachanfänger soll einen Überblick über die Vielzahl der Endspiele erhalten.

ISBN:        978-3-7392-0451-2
Format:      21 x 14,8
Seiten:      128
Verlag:      BoD – Books on Demand
Auflage:     3
Erschienen:  2022
Einband:     Paperback

# Schach lernen - Schach für Anfänger: Das Standardwerk

Mit diesem Buch lernen Sie die Grundregeln des Schachspiels. Danach geht es weiter mit den verschiedenen Teilbereichen des Schachspiels: Über die Eröffnung, dem Mittelspiel bis zum Endspiel. Übungen am Ende jeden Kapitels hilft das Gelernte zu festigen.

Dieses Buch ist ideal für Anfänger und für Hobbyspieler, die die Regeln kennen, aber ihr Spiel verbessern wollen. Zum leichteren Verständnis wird jeder einzelne Zug der Schachfiguren in Diagrammen dargestellt.

| | |
|---|---|
| ISBN Softcover: | 978-3-7386-5389-2 |
| ISBN Hardcover: | 978-3-7386-5390-8 |
| Format: | 21 x 14,8 |
| Seiten: | 372 |
| Verlag: | BoD – Books on Demand |
| Auflage: | 3 |
| Erschienen: | 2022 |

Die neusten Auflagen sind immer bei shop.schach-lernen.de erhältlich.